“十三五”国家重点出版物出版规划项目
“认识中国·了解中国”书系
2018年主题出版重点出版物

中国人的理想与信仰

The Ideal and Faith of the Chinese

宇文利 等 著

中国人民大学出版社
·北京·

序

问题总是伴随时代而产生，所有真正的问题都是对时代的叩问和反思，所有真正的问题也都是反映时代精神和时代品格的命题。生活在特定时代中的芸芸众生，未必有几人能够真正地看清时代的面貌，也未必有几人能够真正理解时代的痛痒，当然也就未必有几人能够回答时代真正的问题。但是，对于真正的时代智者而言，他们一定会拨开历史的迷雾，一定会厘清时代的节奏和结构，一定会把握时代的规律和脉搏。当中国特色社会主义进入新时代之时，我们面临的时代挑战是什么？追求和呼唤的时代精神是什么？要解决的时代问题又是什么？这是萦绕我们心头的问题，也是最值得深思的时代之“轴”。在本书中，我们的回答未必是到位的，但对中国人的理想与信仰这一历史之疑、时代之问的思考却是真实的。

近年来，习近平同志反复地强调中国共产党人的理想信念问题，关于这一问题的一些重要论述，代表了他对时代、国家、政党、民族、社会之荣辱兴衰的深深思考。党的十八大以来，习近平同志多次强调理想信念的重要性，他指出“革命理想高于天”，集中地把理想信念概括为“精神之钙”“胜利之钥”“思想的总开关”“共产党人之魂”，强调要“强心”“壮胆”“补钙”。这些思想，是对中国共产党和中国人民所处的历史方位和时代方位的缜密研判，是对当代中国人在经济全球化和逆全球化的历史潮流中所遭遇的文化和精神问题的反思，是真正的时代之问、时代之思。

在党的十九大上，习近平同志多次提到“理想”，多次强调要坚定理想信念。他不仅强调中国特色社会主义的共同理想，也强调实现共产主义是党的最高理想；不仅号召全体人民在理想信念、价值理念、道德观念上紧紧团结在一起，也指出要开展广泛的理想信念教育；不仅强调青年要有理想，也强调党员干部要坚定理想信念。习近平同志满怀深情地指出：“我们不能因现实复杂而放弃梦想，不能因理想遥远而放弃追求。”理想信念是历史传承和时代延续的血脉，是文明造化和精神哺育的筋骨。没有了理想信念，人类尽管可以延嗣，但无异于蒙昧的物种；失去了理想信念的支撑，历史尽管可以运动，但无异于黑暗中的轮回。

理想是有源头的，但没有止境；信念是有方向的，但要依靠毅力。对于普遍意义的人群而言，理想信念的形式是多样的、有差别的，但在其存在性和作用力上却是一致的。对于中国共产党人而言，失去了理想信念，无疑是违背了初衷，忘记了来时的路；对于当代中国人而言，没有理想信念，生活无疑会陷入黑暗、盲目和无序。正是在这个意义上，党的十九大鲜明地提出：不忘初心，牢记使命！这里的“初心”和“使命”，就是我们党成立之初的誓言，就是基于党的性质和宗旨的那份承诺。

历史的发展和社会的进步，始终如滚滚向前的列车。从历史和社会发展的规律看，不同时代之间总要遵循一个恒常的规律，从次序上看，时代发展总有起承转合；从节奏上看，社会矛盾总有轻重缓急。起承转合的变奏和轻重缓急的转折，常常不以个人意志甚至一些人的意志为转移，也常常并非一个人或一些人能够左右和控制。人类所能持守的就是对于自己精神生活的向往，而理想信念就是这份向往的基本符号。

当代中国的变革是剧烈的、转折性的，当代世界的变化是复杂的、难以预料的。公元前 4 世纪，中国诗人屈原发出了“遂古之初，谁传道之？上下未形，何由考之？冥昭瞢闇，谁能极之？冯翼惟像，何以识之？”的诘问，这一对天地万物和自然规律的反思，在千年之后得到了回答。尽管人类的思维世界和精神生活不能在短时间内被科学全部照亮、彻底阐明，但这不能成为人类在真理面前止步、不靠精神目标而生存的理由。因此，坚定的理想与信仰将始终是人类的忠贞伴侣，始终是使人的生命得以升华的有益营养，始终是人类不可离弃的命运之魂！

宇文利

2018 年 6 月

前 言

什么是理想？人们怎样才能获得理想？一个人应该树立什么样的理想？什么又是信仰？信仰对于人的生活、生存和生命有什么样的意义和价值？什么是科学且值得确立的信仰？理想与信仰之间是一种什么样的关系？中国人有什么样的理想与信仰？传统中国人的理想与信仰与当代中国人的理想与信仰有什么差别？当下的中国人还在坚守传统中国人的理想与信仰吗？一看到本书的名字，很多人难免会提出这样的问题。确实，不加以一番研究和思考而要清晰简明地说出中国人的理想与信仰，必然是一件不容易的事情。专门研究理想与信仰的学者与知识分子，或许可以引经据典地解释理想与信仰的含义，又或许可以罗列出一些玄而又玄的论点，不过，从学理角度去解释理想与信仰，并不会有助于人们弄清楚理想与信仰的真实面目。我们认为，理想与信仰这一对看似非常抽象，甚至有点玄虚缥缈的概念，实际上并没有存在于别处，而恰恰就“潜伏”在我们的生活中，“镶嵌”在我们的生命中，而且它们只能在我们的生存历程和实践中得到“兑现”。换句话说，只有回归到生活本身和现实世界中，只有在鲜活的生存、生活、生产和发展的实践中，我们才能够更好地体悟理想与信仰的“血肉”，才能触摸到理想与信仰的“骨骼”，也才能唤起人们对理想与信仰的觉悟。

人们常常把理想与信念连起来使用。理想是人们对于未来的美好想象，代表了人们的意愿和希望。信念则是基于个人主观的价值判断和意志崇信，是自己认为正确而坚信不疑的观念。在一定程度上说，信念是人们对于理想的笃信与坚守，是对理想坚定而不动摇、固持而不游移的意志。把理想和信念连用，是因为两者在设定及可实现性上都体现并依赖较为明显、较为强烈的主观性，处在凭着人的意志理性和精神努力就能够在主观上获取并有效控制的范围内。在现实生活中，人们常常用到理想这一说法，也常常会说："我的理想是……"事实上，人们对于理想的坚守在其观念投射与态度反应上有层次、尺度、时限和信效之别。伴随着这些差别，人们对于理想的坚守程度也会发生变化，其信念也就有了坚定与不坚定之别。信仰是一种对人或物像的极端信奉，甚至达到膜拜程度的终极状态，是对某一特定对象深信不疑的"终点式"的观念，常常用于形容人们对某种宗教、主义、主张或学说极度相信，甚至于达到了恒定不移的敬仰和崇信。一般情况下，人们的信仰既有科学的信仰，也有在不了解目标对象时而产生的盲目信仰。远古时代，由于认知能力的低下，人们对不能理解和解释的现象可能会产生盲目的崇拜和信仰，这种信仰以教义和教派的形式流传下来，逐渐体现为宗教信仰。在科学昌明、发达的今天，尽管人们对过去某些不能理解的现象已经有了科学的解释，但宗教信仰仍有所保留。而且，尽管科学已经大大发展，但依然存在现代科学不能完全解释清楚的部分，人类的认知或情感也依然有理性不能驾驭或支配的部分。这就为宗教信仰的存在留下了一片天地。

中华民族是一个富于理想、拥有信仰的民族。中华民族的理想与信仰源于其丰厚的生存实践和丰富的生命想象。众所周知，在人类文明的精神家园中，中华民族是独领风骚、卓尔不群的一族，也是历史悠久、辉煌灿烂的一族。这无疑既与中华文明的早慧有关，也与中华民族的韧性有关。说到早慧，既应感恩于自然的恩赐，也应感谢先民的聪颖知悟；说到韧性，既应感恩这片土地上历史的绵延，也应感谢华夏文明的包容与宏阔。而说到理想与信仰，其实早在中华文明的起源和创世神话中，就包含着创造该文明的那群人所拥有的原始理想与信仰；在祛除蒙昧、繁衍生命、改变生存状况的艰辛抗争中，也孕育着中华先民的理想情怀和价值追求。盘古开天辟地、女娲炼石补天、精卫立志填海、夸父执着逐日，无不包含着先民的理想，尧舜禅让、大禹治水、神农造物、愚公移山，无不书写着先民的信仰。有理想才有生命，有信仰才有生长。中华民族的先民们正是在与自然界、人类社会做抗争的进程中，才变革并延续着理想与信仰。

传统的中国人有传统所锻造的理想与信仰，现代的中国人也在实现并更新着新时代的理想与信仰。在传统与现代之间，我们看到了20世纪之交国人理想与信仰的失衡与断裂，看到了21世纪国人理想与信仰的涅槃与新生，看到了源于传统、延续传统而又不拘泥于传统的、正在不断更新着的中国人的理想与信仰。在这样的继承与更新中，中国人的命运在转变，中国人的精神面貌也在转变：中国由奄奄一息变为生机勃勃了，中国人在精神上由被动变为主动了。因此，要描述中国人的理想与信仰，特别是描述当代中国人的理想与信仰，自然不能避讳近代以来中国社会所发生的“三千年未有之变局”，不能忽视在这种剧烈的转变中进入中国人精神世界的马克思主义与社会主义，更不能忽视带领中国人理想与信仰发生巨变的中国共产党。

任何能够称得上伟大的民族和人群，都不能没有理想与信仰。然而，有了理想与信仰并不必然地锻造伟大与荣光。从文明比较的角度来看，不同的文明、文化类型包含着不同的价值追求和精神愿景，自然也就有不同内涵的理想与信仰。在不同文明、文化和人群的理想与信仰之间，只有相互尊重、相互理解、相互包容和相互支持，才能和谐共存、共同发展。中华文明与中国人所孕育、所肩负的理想与信仰，与其他文明的有诸多不同之处，这是文明和人类存在发展的独特性与价值追求的特殊性使然。从中华文明自身的特色来看，中华文化所孕育的理想是高远的，所支撑的信仰是坚韧的，中国人的理想与信仰具有极强的人文性和极大的包容性，它以“和合”为原则，以共存为标志，恪守“天地化育”“人文化成”的道和德。总而言之，中华文明、中华文化孕育的中国人笃信这样一条法则：一种文明所代表的理想与信仰只有以其他理想与信仰的存在和发展为前提，才能为自身的存在和发展奠定基础并提供依据。这恐怕也就是中华文明和中国文化能够赓续的内因和动因。

理想与信仰本身就是复杂的概念，加之中国人的理想与信仰又是复合的，很难用一个词加以完全概括。不过，如果从其历史结构去描绘中国人理想与信仰的外部特征，我们大致可以称之为“入世的理想和出世的信仰，出入之间，和合为上”。入世的理想重点是表明中国人理想的务实性和现实性，表明其不务虚而务实的特点。出世的信仰重点是表明中国人信仰的高远性和超越性，即指向人类最崇高的发展目标，该目标摆脱了世俗的羁绊，对凡俗的价值选择而言是一种极大的超越。对于中国人而言，理想与信仰又紧密联结在一起，出世、入世都是为了促进人的精神世界的和美，达到精神上的圆满，是为“和合”。如果把理想作为现实的目标，把信念作为实现理想的意志，把信仰作为高远的追求，那么对于中国人而言，入世是人存在的意义、价值和根基，对于每个人都是重生的必然，因而说中国人的理想是务实的，也是能够落地的；出世则是愿景，是热望，是升华，对于每个人而言都是超脱的必然，因而说中国人的信仰是崇高的、至善的。朱光潜先生曾说过，以出世的态度做人，以入世的态度做事。这意味着中国人的理想与信仰无论多么高远，始终都能够化为人生的哲学和生存的艺术，中国人秉持的是一种简单质朴而又不落世俗的情怀。换言之，在中国人的做人做事之中，就浓缩了内化之后的理想与信仰。如果把有史以来的中国人的理想与信仰比作一条线，那么这条线就是一条“不断的折线”，尽管时有转折，但永不会断。

目　录

THE IDEAL AND FAITH OF THE CHINESE

The Ideal and Faith of the Chinese

THE IDEAL AND FAITH OF THE CHINESE

The Ideal and Faith of the **Chinese**

第一章

理想与信仰概谈

1 理想与信仰概谈

什么是理想？什么是信仰？这是人们在生活中常常提及但又感到迷惑不解的问题，也是让理论研究者们聚讼纷纭的研究命题。在本章中，我们将就人们对理想与信仰的基本认识谈起，聚焦理想与信仰的基本问题，从而引出关于中国人精神世界的重要议题，引起人们对国人理想与信仰的产生及作用的关注。

第一节　理想与信仰的概念

对于理想与信仰的说法，大家都非常熟悉。从小我们便经常被问到“你长大后的理想是什么”之类的问题。等到长大成年了，我们又常常会自我反思，追问“我有信仰吗？我信仰什么”的问题。的确，在漫长的人类历史中，理想与信仰从来就是一个充满魅力的话题。对于理想，古希腊的哲学家苏格拉底曾说，“世上最快乐的事，莫过于为理想而奋斗”。俄国作家列夫·托尔斯泰也认为“理想是指路明灯。没有理想，就没有坚定的方向；没有方向，就没有生活”。大科学家爱因斯坦还曾经十分犀利地指出：“每一个人都有一定的理想，这种理想决定着它的努力和判断的方向。从这个意义上，我从来不把安逸和快乐看作生活目的本身——这种伦理基础，我叫它‘猪栏的理想’。”谈论理想的名人很多，赞颂信仰的也不在少数。对于信仰，人们似乎将它看得更为重要。革命先烈方志敏曾在敌人的刀抵在脖子上的时候仍然高声呼喊：“敌人只能砍下我们的头颅，决不能动摇我们的信仰。”历经世间沧桑和磨难的黎巴嫩诗人纪伯伦曾写道，“信仰是心中的绿洲”。法国小说家罗曼·罗兰甚至说：“以死来鄙薄自己，出卖自己，否定自己的信仰，是世间最大的刑罚、最大的罪过。宁可受世间的痛苦和灾难，也千万不要走到这个地步。”那么，究竟什么是理想？什么是信仰？它们之间又有什么关系呢？在我们深入探讨中国人的理想与信仰之前，有必要先就理想与信仰的内涵做一些研究和描述。

理想，在今天的中国社会，已经是一个司空见惯的词。你若随便问一个路人，他很可能会笑着用十分朴实的话回答你："理想，就是你想做的事啊!"这个回答虽然简单，却也道出了"理想"这一概念最为根本的东西。若要表达得更严谨更科学，我们可以看看《现代汉语词典（第 7 版）》中对"理想"的定义："对未来事物的想象或希望。"换句话说，它是人们自觉认识到的奋斗和追求的目标，是一个人在与朋友聊天的时候坚定地表露出的内心的想法："我希望以后让家人过上好日子""我希望自己明年晋升为公司主管""我想在将来研发一项治理雾霾的新技术"……这种种想法不仅包含人们对于美好未来的设想，同时也展现一个人的世界观、人生观和价值观，让我们看到人们真正在意、珍惜和追求的东西。从小的方面说，那是使一个人成为一个独特的丰富的个体的最初的起点；从大的方面讲，正是一个群体、一个民族的理想和他们为实现理想付出的实践构成了这个群体、这个民族不可复制的历史和文化，构成了人类居住了上万年的"地球村"辉煌灿烂、五彩缤纷的文明。

理想不是痴人说梦，它最重要的一个特征在于它的现实可能性和科学性。理想根源于现实，是人们基于事物发展的客观规律，对现实状况的正确分析，对现实发展的趋势做出科学预见和合理想象，结合现实发展的客观需要和主观愿望，提出对事物美好未来的设想和规划。因此，理想不但来源于现实，而且由于它是对现实必然性的正确认识，在经过人们的自觉奋斗和努力实践后也必将成为现实。因此，我们常常说，"现实是理想的基础，理想是未来的现实"。基于是否科学正确地反映现实、符合客观规律，有无实现的可能性，我们可以区分出理想、空想和妄想等一系列概念。所谓"空想"是指天马行空、没有根据的设想，是脱离客观实际和现实基础、忽视事物发展的客观规律，而完全凭主观意愿做出的想象。胡愈之先生曾经对空想做了一段非常有趣且十分精辟的表述："完全脱离现实的思想，就是空想。癞蛤蟆想吃天鹅肉、小孩子想从水中捞月、贫儿想暴富、中学生想立刻变成名作家，这些都是空想。空想如同空中楼阁，本来就无从建立起来。但人到了生活十分无聊，或者精神无所寄托的时候，往往胡思乱想，用各种各样的空想，来逃避现实，安慰自己。但是到头来，空想终究是空想。用空想来安慰一时，希望解除精神痛苦，那不过如同用吗啡来解除痛苦一样，到了后来，麻醉的效果消失，痛苦反而有增无减。所以空想不但没有好处，而且是有毒的。空想越多，离开现实越远，到最后会变成神经衰弱，甚至疯狂。”如果说空想是脱离现实基础、忽视客观规律而做出的虚幻的设想，那么妄想就是错误反映现实基础、歪曲客观规律而做出的虚假的设想，不仅没有根据和实现的可能性，而且是完全错误的。用中国老百姓常用的歇后语来形容，空想是“上天绣花——想得挺美”，而妄想则是“公鸡下蛋，母鸡打鸣——异想天开”。

我们可以通过社会主义思想发展的历史来进一步分辨空想和理想的差别。“乌托邦”这一说法现在常被当作“空想”的代名词，它最早出现在 16 世纪英国学者托马斯·莫尔的一部同名著作中。作者在书中虚构了一个故事：主人公拉斐尔·希斯拉德是一位航海家，有一次他航行到了一个名叫“乌托邦”的奇乡异国。在那里，财产是公有的，人民是平等的，生活用品按需分配，人人享受劳动生产的快乐，而且有充足的时间从事各种娱乐和科学研究，那里没有酒店、妓院，也没有堕落和罪恶，它是人类能想象得到的最美好的社会。很明显，莫尔通过虚构这样一个人间天堂，表达了他对于当时社会生活种种的不满，以及摆脱这些不如意之事、追求幸福的愿望。在托马斯·莫尔之后，有不少人继承了他的思想，也描绘了一个个与“乌托邦”相似的理想社会的图景，其中著名的代表人物有 19 世纪的圣西门、傅立叶和欧文。他们无情地批判了当时资本主义社会的罪恶，设想建立一个“人人平等，个个幸福”的新社会，明确提出了消灭私有制、消灭剥削、实行公有制等原则，成为后来马克思主义科学社会主义思想的重要来源之一。但是，包括早期的莫尔和 19 世纪资本主义在欧洲有所发展后的圣西门等思想家所提出的设想，都只能被认为是空想社会主义。原因就在于，他们始终是主要地扮演了一个“画家”的角色。

他们在其作品中一方面如实地描绘了一个物欲横流、贫富差距悬殊的现实社会，刻画了贫困潦倒的工人和纵情声色的资本家形象，诠释了机械的劳作、肮脏的城市和人与人之间的冷漠与欺骗；另一方面极富想象力地勾勒出一个令人憧憬的新社会。但是，他们的不足之处就在于，他们没能理性地分析造成旧社会千疮百孔的原因，也没能科学地指出从旧社会通往新社会的路径，因而无法真正地将愿景付诸行动并一步步将其实现，最终只能沦为空想和幻想。他们所描绘的人类社会的蓝图，只是到了马克思和恩格斯那里才变成了科学的理想。马克思和恩格斯在吸收了前人思想和总结现实经验的基础上提出了唯物史观，尤其是发现了剩余价值学说，从而揭开了资本主义社会运行的根本秘密，科学地论证了资本主义社会必将灭亡、社会主义必将胜利的命题，指出了可以通过无产阶级革命推翻资本主义社会而建立共产主义社会。这使得人类描绘了上百年的社会主义从空想变成了科学，成为一个有实践根据、真正可以实现的科学理想。但是，我们对于科学社会主义出现之前的思想，从未称之为妄想、臆想，而称其为空想社会主义，原因就在于它们的产生有其针对性、合理性和必然性，是对当时社会现实的客观的、正确的反映，在对未来社会提出的天才设想中也包含了对旧社会存在的种种弊端的克服和改造，具有一定的启发意义和指导作用。在这一点上，尽管它们仍是空想状态，但已经开始摆脱非理性而表现了未来的可能性，因而也是有意义、有价值的。

弄清楚了理想的含义，我们再来看看信仰这个概念。在认识信仰之前，我们还需要先说说信念这个概念。信念之于信仰，就如同水之于冰，有一定的信念才可能升华出信仰。信念是指对某思想或事物坚信且力行的情感、态度和意志，它是人类意识中较为稳定的一种形式，一旦形成便不容易被改变，并因此在指导人们行为的时候常使人表现出执着、固执、偏激等特质。强大的信念会极大地激发人们潜在的体力、智力、精力和其他各种能力，对人们所期望完成的事情具有不可忽视的促进作用。中国古人常常用“志”来指称这种意识。比如，《毛诗序》中说，“在心为志”。《春秋·说题辞》中说，“思虑为志”。《孟子》也说，“夫志，气之帅也”，就是说“志”作为人的意愿、思虑、价值观念的表达，是一种具有统摄性的精神力量。我们耳熟能详的许多古代的名言警句，如“刑天舞干戚，猛志固常在”“志不强者智不达，言不信者行不果”“三军可夺帅也，匹夫不可夺志也”“人无志，非人也”“为世忧乐者，君子之志也；不为世忧乐者，小人之志也”“志不可一日坠，心不可一日放”等，都在强调立“志”对于人生的重要意义。而且，这些名言警句所谈及的“志”也包含着一种特别的区分和强调，也就是，这个不可不立的“志”是君子之志、大人之志，而非一般的讲求一己私利和衣食果腹的小人之志。由此可见，信念和信仰自古就在中国人的精神世界中占有不可或缺的地位。

在现代中国人的语言习惯中，“理想”常常与“信念”并提，逐步融合形成一个新提法：“理想信念”。这个提法在党和国家的文献中尤为常见。例如，习近平总书记曾经说道，“坚定理想信念，坚守共产党人精神追求，始终是共产党人安身立命的根本”。“90 多年来，无数共产党员为党和人民利益英勇牺牲，支撑他们的就是‘革命理想高于天’的精神力量。革命年代，这是前赴后继、百折无悔的追求；建设年代，这是艰苦奋斗、激情燃烧的奉献；改革年代，这是敢为人先、搏击潮头的干劲。正因为用理想信念铸就了金刚不坏之身，才让我们有了‘从胜利走向胜利’的力量；也正因为理想信念招展着高昂的旗帜，才让我们得到了亿万人民的支持。”[1] 事实上，这种使用习惯并不是从来就有的，而是有其特定的形成发展的历史的。改革开放以前，甚至在改革开放初期，我们基本都只是使用“理想”一词，比较通行的是“理想教育”这样的说法，甚至用它泛指包括信念、信仰等在内的对象。后来，人们发现这种表述并不够妥当，“理想”一词无法完全涵盖我们今天所说的理想信念等对象。于是，“信念”作为一个独立且具有褒义的词开始流行，并且逐渐与“理想”连用，融汇成一种新提法。在这方面，邓小平同志发挥了重要作用。他在论及社会主义精神文明建设时，就把“理想”与“信念”并提，并强调了“信念”的重要性：“没有这样的信念，就没有一切”。由此，“理想信念”也常常被用来指代所有具有科学性的理想。此后，“信仰”才作为一个独立的概念在中国登场，在党的文献中，“信仰”则专指对共产主义的笃信和景仰。

信念的进一步升华和体系化，就形成了信仰。对于信仰——人类这一重要的精神活动，历史上的研究可谓浩如烟海，学者会思考审视它，僧侣教徒会追问找寻它，普通百姓会恪守传承它，因而关于“信仰为何物”的说法也是林林总总、不一而足。单单从学术研究上讲，诸多学科就曾对它下过定义。比如：心理学认为，信仰属于社会心理学的态度范畴，是人们在自己生活中所遵循的原则和信念及其外化形式[2]；人类学认为，“信仰指对某种主义、理论、主张、原则或宗教的信服态度”[3]；宗教伦理学认为，“信仰是人类特有的一种高级的精神物质活动，表现为对某种被看作是最高生活价值体现的对象的一种由衷的信赖和执着的追求”[4]。概而言之，信仰的确是一个内涵丰富深邃、外延宽广博大，辐射人类精神生活和社会生活诸多方面的概念。为了能更好地认识它，我们首先需要用一个简洁有力、普遍准确的定义去把握它的大体含义。借此，我们不妨参照《现代汉语词典(第7版)》上的解释：信仰是对某人或某种主张、主义、宗教极度相信和尊敬，拿来作为自己行动的榜样或指南[5]。比如，有人信仰儒家学说，有人信仰佛教，有人信仰共产主义，有人将自己的民族领袖当作信仰的对象，不一而足。当然，不同的信仰也决定了人们的生活态度和处事方式，反映了人们的价值追求和精神目标。一言以蔽之，信仰的不同，也意味着人们精神追求的不同。

在理解信仰时，我们也常常会产生一些困惑，需要在这里加以解释与辨析。第一，信仰就是指宗教信仰吗？这个答案显然是否定的。从信仰的定义，我们就可以看出，信仰的对象不仅仅有宗教，还包括一些学说、主义、主张、理论，甚至也包括作为信仰对象的个人。因此，信仰与宗教信仰并不是完全等同的。进一步说，为什么每当提起信仰时，我们通常先想到宗教信仰，进而认为信仰就是指宗教信仰呢？首先，“信仰”这个词在中国是个舶来品，并不是中国的固有词。“信仰”一词，最早在西方国家使用，而西方知识界自启蒙运动以来常常把信仰等同于宗教信仰和迷信，将其视为理性与科学的对立物。在中国近代，尤其是在20世纪初的新文化运动时期，知识界大量引入和学习西方文明之时，习惯性地接受了这种对于信仰的认知，所以常常把信仰误解并等同为宗教信仰。其次，西方知识界之所以会将信仰等同于宗教信仰，也是因为宗教作为人类最早的信仰形式之一，数千年以来形成了强大的权威。尤其是在欧洲的中世纪时期，教会神权成为始终与皇权相抗衡的另一把利剑，牢牢地掌控着人们的精神世界，甚至造成了不少人对于宗教的盲目信从，使人把宗教这一特殊的信仰当作人类的普遍信仰。但是，随着近代启蒙运动对理性主义、科学精神的倡导，人类的信仰不断地从宗教信仰转变为世俗信仰，开始在宗教之外有更多元的信仰对象。对于中国人而言，信仰并不仅仅指宗教信仰这点就更为明显了。很多研究中国信仰问题的学者会倾向于认为，中国人的信仰尤其是民间信仰具有一个很突出的特点，那就是信仰众多：自然界的日月星辰、风雨雷电、鸟兽虫鱼都可能成为中国人崇拜的对象。此外，还有众多的神灵、精灵等，这种“万灵崇拜”与“多神崇拜”也是中国人的信仰不同于其他国家和地区人群信仰的一个突出特征。

第二，信仰是否有高低之别、对错之分？答案是肯定的。信奉一个对象，不管是学说、主义还是宗教，只能表明信仰主体所具有的倾向性，而不能表明信仰对象的科学性。从客观上说，这个对象本身完全有可能正确或错误，这是不以信奉者的意志为转移的。衡量一个对象正确与否的标准，就在于它是否具有充足的科学性，是否是科学、客观和真实的。就此而言，当一种宗教缺乏足够的科学性时，人们对它的崇信和信仰自然就不能够用科学理性来充分解释了。如此一来，对该宗教的信仰也就很容易陷入感性和盲目中。当然，也有很多人认为宗教并不属于科学的范畴，不能用科学来评判宗教，不能把是否具有科学性当作是否应该有宗教信仰的依据。这种说法，并不是没有道理的。但是，即便如此，一个成熟的宗教也必定是建立在一定的逻辑理性基础之上的，而且也不应当与最基本的科学常识相违背。因此，根据其是否符合科学，信仰就区分为盲目信仰和科学信仰，且这二者是根本对立的。我们通常所说的迷信，大体上指的是一种盲目信仰，也是一种低级的信仰。在人类早期社会，抑或是在现在一些闭塞落后、依然保有大量传统习俗的地区，常常会有如巫术、占卜、算命、观相、神灵等现象存在，那些缺乏科学认知的人信奉这些巫术等活动，认为它们无所不能。有些人盲目地认为，“神婆”“巫汉”“大仙”这一类人是神的代言人，是可以与神对话的。人们生病不去医院医治，认为只要喝“神婆”开的汤药或者施一场法术赶走邪魔就能痊愈，即便死后也能将魂魄召回、使人起死回生，凡此种种，不一而足。这显然是违背科学常识的。但是，我们也必须承认，宗教、哲学等更高级的信仰形式大多是从迷信这种低级的信仰形式发展和进化而来的。信仰的形式越高级，就越能摆脱迷信实用和功利的目的，从而在精神上更多地追问本原，寻求人格和精神的科学超越。除此之外，我们还要看到，尽管大多时候我们谈到信仰时，都认为它是崇高的、美好的、充满真善美的，但不可否认的是，也有一些邪恶、低劣、本质上是假丑恶的信仰，只是它们不容易被辨识出来罢了。尤其值得注意的是，对于当局者及其信仰而言，任何一种信仰都有可能披上圣洁甚至科学的外衣，将其中非科学的，甚至邪恶的内容进行包装，使信仰者相信它们才是真理的代表。多数情况下，为了维护信仰“真理的面貌”，人们甚至会为了维护和传播他们的信仰与其他人激烈对抗。在这方面，有一个最典型的事例：在第二次世界大战期间，德国纳粹的法西斯主义信奉和宣扬一种至高无上的信仰，即所谓的“种族优劣理论”。该理论在生理的、自然的解读下披上了科学的外衣。由此，狂热的纳粹支持者在执行种族灭绝政策时，无不认为自己在干一件极其光荣、史无前例地裨益于德意志民族的神圣事业。然而，历史的发展却无情地揭露了现实的丑恶，纳粹的愚昧信仰毕竟是人类盲目信仰中的极少数，而且是被遮蔽的非理性的极少数。这种信仰突破了人类伦理的底线，成为杀戮和戕害人类文明的工具。历史的大浪最终会淘尽泥沙，还原真相。邪恶的信仰也终会被揭露，它所激发或掩盖的丑行最终会暴露出其本质。在人类文明的进程中，只有那些真正符合科学真理、包含真善美信念、最终能够给人一种积极的生活态度和精神追求的信仰才会促进人的精神升华，也才会得以留存下来，传至久远乃至于历久弥新。

第三，是不是人人都有信仰？答案是不一定。每个人都会有或大或小的理想，也可能会有或脆弱或坚定的信念，即在某种程度上相信某种对象，并愿意身体力行之，但这并不等于说他就具有了信仰。信仰对信念的升华之处，在于它统摄了人所有的信念，是最高形式的、最根本的或者说是终极的信念，它不仅对人生活某一具体内容具体方面产生影响，而且对人的整个思维方式、价值观念、生活习性、人生选择产生决定性影响。比如，我们可以说，对于交友的信念是要真诚、讲义气，对于工作的信念是要严谨负责，对于家庭生活的信念是和睦高于一切……不同的信念之间有时候可能还会彼此冲撞、存在矛盾，如忠孝不能两全、法不容情，如此等等。我们在生活中时常会遇到诸如此类的信念，这就需要我们进行权衡和取舍，因而也常常陷入进退维谷、左右为难的境地。但是，信仰绝非如此，“只有关于极高或最高价值的信念才能够成为信仰”[6]。而且，一旦这个处于最高的核心位置的信念明确为信仰，它便会统领其他信念，使它们围绕着最高的信仰形成一个相辅相成、井然有序的信念体系，使人在生活的各方面都得到信仰的引导、支撑和鼓舞。因此，一个人大可说自己有诸多信念，但不能随随便便地说“这就是我的信仰”，否则只可能会遭到别人的误解、讥笑与鄙视。需要指出的是，虽然并不是所有人都会有信仰，但一个人是否有信仰，他自己却可能会意识到。这种情况在人类社会的蒙昧期是比较鲜见的。在那个时候，人们出于本能而产生了对自然力量的信仰和崇拜，但他们既不知道自己为什么要如此信仰，也没有想到过要解释和追问这些信仰，他们只是如此信仰着，并认为这种信仰是天经地义的。这种状况，充分说明了对信仰本身的愚昧。可想而知，在那样的时代，出生在一个有信仰传统的部落的孩子，从小被教导或教授以某种信仰，他在多数情况下也只能处在一种不自知的状态。我们不能不说这是因为他们对自然、对社会的认识极其少，未知世界远远大于已知世界，尚处于蒙昧的岁月。随着时间的流逝和智识的增进，人们对于外部世界的理解能力大大提高了，对于自己的信仰也就获得了相对较为成熟的理解和认知。不过，信仰总有非理性的成分，也总有现代逻辑和科学无法完全解释的成分。对于长期生活在封建社会的大多数普通中国老百姓而言，他们世世代代所恪守和信奉的儒家或各家杂糅的思想和主张，无疑是他们生存信仰的主干，或者说是他们生活信仰的主体。不过，对于多数人而言，这种信仰常常处于“日用而不知”的状态，这无疑是中国人生存哲学信仰的常态，也是中国人生存价值观信仰的一般形态。这种情况，也只是人类信仰发展阶段中比较初级的时期所普遍存在的情形。伴随着人自我意识的觉醒和反思能力的增强，人们就会动用日常经验和理性知识去审视自己和他人的信仰，在反复的质疑和不断的考验中建立对某种信念绝对的信任，并最终将它作为人生的根本信条。唯有通过这样一个艰苦的探索过程确立的信仰，才不会是盲目的、游移的、易于发生危机的。唯有如此，人们也才能真正享受到信仰至高的魅力，才可以理解诗人们“信仰是心中的绿洲”之歌颂的意蕴，才可以理解那些为了实现社会主义理想而牺牲的烈士在念诵“砍头不要紧，只要主义真”时的无私与无畏、包容与伟大、至上与至善。

总而言之，理想、信念、信仰这三个概念既相互区别又相互联系。信念的深化产生信仰，由于信仰和信念大多指向未来，因而它们必然会对未来做出期望，这就形成了理想。不同的信念和信仰产生了不同的理想。比方说：对于传统社会的儒生而言，修己安人、“内圣外王”是他的理想；对于佛门弟子而言，参悟佛法，超越生死和人间烦恼，去往净土得以解脱是他的理想；对于信仰共产主义的共产党人而言，建成社会主义、最终实现共产主义是他的理想。因此，要准确地深刻地了解一个人、一个民族，去探求和研究他的理想与信仰，就显得尤为重要和必不可少了。

第二节　人类的理想与信仰

人类的理想与信仰几乎贯穿了整个人类的历史。古往今来，人们不断地提出自己的理想，在信念的支撑下细细描摹这些理想，也在信仰的力量支撑下用实践将理想逐渐变为现实。德国的诗人歌德曾经说过：世界历史的唯一真正的主题是信仰与不信仰的冲突。所有信仰占据统治地位的时代，对当代人和后代人都是光辉灿烂、意气风发和硕果累累的，不管这信仰采取什么形式；另一方面，所有不信仰在其中占统治地位的时代（也不管这不信仰是什么形式），都只得到一点微弱的成就，即使它也暂时夸耀一种虚假的光荣，这种光荣也会飞快地逝去，因为没有人关心去取得一种对不信仰的东西的知识。当追根溯源时，我们不禁要问，人类的理想与信仰究竟是如何产生的？是在什么样的环境下发生的？需要什么条件？理想与信仰对人类的发展究竟会起到什么作用？世界各个国家和地区的人们的理想与信仰都不尽相同，又有哪些典型值得我们关注呢？

（一）理想与信仰的产生

我们在前面提到，信念与信仰是理想的基础，有什么样的信仰就会产生相应的理想。因此，要弄清楚人类理想与信仰的产生，从根本上来说，就是要弄清楚人类信仰是如何产生的。毋庸置疑的是，信仰属于人类意识的一种，而且是人类意识中最为稳固的一种形式，有学者甚至认为它是人类意识的最高形式。对于意识是如何产生的这一问题，有史以来，哲学家们不断地思考并给出了自己的答案。毋庸讳言，不同的哲学家在这个问题上的回答是不一样的，尤其是在“究竟是物质决定意识的产生、发展和变化，还是意识决定物质的产生、发展和变化”上争论最大，甚至据此在哲学界区分出了两大流派：一派认为是意识决定物质，意识是最根本的、起决定性作用的，世界万物的形成和世间百态的展开都是人类意识的结果，或者是人类之外的某种神秘力量，比如说“上帝意志”的体现；另一派则认为，人类的所有意识都是物质的产物，是先有了风雨雷电、山川河流等自然事物，有了人类为生存而进行的劳动，才有了对事物的认知，才有了人与人之间进行沟通的语言，以及对未来的预测和规划等各种意识。我们认为，后面这一派的观点更为可信，更具有说服力，其最基本和直接的证据就是生物学上的研究成果。我们知道，意识是人脑特有的机能，但根据科学家们的研究，人脑并非天然就是我们现在这样的，而是有一个不断进化、逐渐改良的过程。科学证明，人脑由外到内分为新皮层、缘脑和爬行动物脑三个层次，这三个层次有着不同的结构性质与功能，并与人的不同进化时期相关。比方说，最外层的新皮层管辖着一个人的智力、想象力、抽象力、计算力，相当于人的意识部分，是人类从尼人到智人阶段进化的产物，而人类的进化，包括大脑结构的进化是与其在自然中的生存、竞争、劳动息息相关的。也就是说，当我们要探究一个人或一群人怎么会形成这样或那样的理想与信仰时，一定要去他们实际生活中去找原因，了解他们生活的自然环境和人文环境，了解他们的生活内容与生活状态，如此等等。唯有如此，我们才能更好地解释一些社会现象。在这方面，有一个有趣而又颇引人深思的现象，那就是，在人类社会公元前 600 年至公元前 300 年这段时间内，也就是后来人们所说的“轴心时代”，为什么在中国产生了以孔子思想、老子思想为代表的信仰与文明，在古印度产生了释迦牟尼创立的佛教文明，而在欧洲却开创了苏格拉底、柏拉图的传统和犹太教的信仰。按照前面的逻辑，一种可能的解释是，不管是在哪一块土地上发端的文明，在这大约 300 年的时间里，都大致达到了一种基于特定生产模式的文明的顶峰。于是，人类的智识出现了惊人相似的聚焦，各地的智者都在思考大致同样的问题。

作为一种意识，信仰有其产生的物质基础。这一点是所有意识形式都具有的。除此之外，关于信仰最为独特的东西，也即信仰的意识本质，就在于它的超越性，也即意识的主观能动性和主动创造性。信仰的超越性在于它是人类实现自我超越的一种意识，是主动寻求升华和超越的意识，这是信仰不同于其他意识形式的根本点。这种自我超越，用现在流行的话来说，就是成为不同于过去的自我。信仰使人类真正从动物世界中走出来，成为“宇宙的精华，万物的灵长”。信仰的这种特殊价值，自然也有其产生的根源。那么，信仰的来源是什么呢？

首先，信仰来源于人类自我意识的觉醒。关于“我是我自己”的意识，人类不是生来就有的。在人类历史的发端时期，人类没有“自我”这一概念，也没有对于自我的认识。这就好比是一个小孩子，只有到了一岁左右的时候，他才能够在看镜子的时候意识到镜子里的人与自己是有关的，才有了“自己是主体”的认知。然后，在差不多两岁的时候，他才会意识到在与他人相处中，自己的言行会给他人带来影响，才懂得了区分“你”“我”“他（她）”。这种情况就表明，他开始有了“自己是客体”的认知。当一个人能够全面地意识到自己有“主体我”和“客体我”两个方面的时候，他的自我意识才可以说是基本形成了。同样，对于作为一个类、一个群体的人类来说，在人类最原始的群居时期，人们是没有关于自我的基本意识的。人们最先意识到的是，自己是属于一个群体的，是和他人起居劳作都在一起、和他人一样的人。人们不能想象自己脱离所属的部落、氏族如何生存下去。因此，在我们所看到的很多古老的信仰中，信仰都是与群体相关联的。比如，不同的部落会选择不同的图腾作为自己的守护神，并以此为区分于其他部落的标志。为了维护这种图腾和信仰，他们同时还需要有群体性的仪式。比如，同一个部落的人一起围绕着篝火舞蹈、祭祀，如此等等。久而久之，在群体生活中的人开始意识到自己和他人都是生活在一起的人。但是，有人力量强，有人力量弱，有人擅长奔跑，有人听觉敏锐，这种状况促使我们的祖先开始思考“我是谁”这样的问题，因此就有了“群己之分”的意识，并逐渐开始意识到

“独立的自我”的存在。这便是信仰产生的第一步。如果没有这一步，就不会有人类对自我和超越自我的思考，也就不会有作为终极目标和最高境界的理想与信仰的产生。

其次，信仰来源于人类对终极问题的追问。所谓终极问题，就是指最根本、最核心、最具有抽象性的问题，即世界和人的本质与本原的问题。古希腊思想家苏格拉底曾提出了一个千古命题——“认识你自己”，即认识“我是什么，我从哪里来、要到哪里去，我与这个世界是什么关系”。这个问题是古典哲学的根本命题，也是人类自我意识启蒙的标志性命题。可以说，几乎所有的宗教、哲学，都是指向以上这一终极问题的，这也是它们作为信仰的形式之一所特有的东西。可是，人类为什么会有这种追问终极的念头呢？大多数学者认为，这是与人类诞生之初的状态有关的。当人来到这个世界上时，他最初是与自然和群体最为紧密地联系着的，靠自然获得生存的资料、靠群体增强自身抗衡自然的力量，但是他与外界的关系并非始终和谐。自然给予人生存下去的食物、劳动工具，但同时也有可能成为毁灭人类的原因。比如，各种自然灾害的降临，会成为人类生存的重大威胁。同样，部落之间的战争、部落内部的斗争也可能使人的生命时刻受到威胁。因此，自我意识觉醒后的人类会在与外界这种时而亲近时而疏远的关系中，增强对自身生命的不可控与不充足的感受——“他发现自己是完全孤独的，与外界根本隔绝，他就像夜空中的流星一样，在黑暗寒冷、广漠的空间闪亮一下便永远地消失了”[7]。人不知道自然给予人类明天的会是什么，命运会如何安排，自己从哪里来、要到哪里去，这种种的不确定与不可控造成了人类思想上终极的困惑和焦虑。可以说，古往今来的思想家都想在这个问题上给出答案，因为它直接关系到人类生命的价值和存在的意义。意识到自身存在的有限性并试图超越有限的本性，是人类的理想与信仰产生的关键因素。

最后，信仰来源于人类对现实生活的不满足。人们对于未来美好事物的设想，并不是空穴来风。种种设想之所以会是某个样子，恰恰是因为在现实生活中它们远远达不到或者完全相反。人们的理想与信仰是在现实生活的基础上生发出来的，是由于对现实中的自己或者世界的不满意和不满足而生发的，或者说要力求一个不断改善的未来。这一点，在宗教中体现得尤为明显。宗教里出现的人物及其相互关系都是模仿人间社会的，也都可以在人间找到原型。同时，人们将他们希望拥有的品行、能力、经历加诸这些人物身上，使这些宗教人物和故事听起来既令人心驰神往又不会虚无缥缈。在现实生活中，人们常有许多的羁绊、烦恼、苦痛，于是宗教中会有各种各样的箴言，并描绘出一个极尽美好的彼岸世界，帮助人们从“三千烦恼丝”中解脱出来，获得精神上的慰藉和支撑。一句话，人们想要什么，宗教里就有什么。比如：在佛教中，最高的理想世界是净土，在那里人们完全自由无忧；在道教中，教徒们追求的是长生不老、得道成仙；基督教徒相信只有信耶稣才可以洗去人类原始的罪恶，得到永恒的快乐，不至灭亡反得永生。瑞士著名心理学家荣格曾说：“自从文明的曙光出现以后，智者、救世主的原型形象就潜藏蛰伏于人类的无意识中；每逢乱世，或者每当人类社会遭遇危难时，它就苏醒过来。误入迷途的人们感到他们需要一位向导或一位导师，甚至需要一名医生。”[8] 正是现实世界中感受到的不如意、不完美，才使人们开始在精神上设法去追求一个象征真善美的理想与信仰，以指引他们更好地适应当下和现实。

（二）理想与信仰的作用

没有理想与信仰的人，是萎靡的、干枯的、封闭的、死气沉沉的，而理想与信仰犹如一针强心剂，使人焕发生命的活力。新中国刚刚成立时，一些来华的外国朋友常会感慨，中国人虽然生活贫穷、衣衫破旧，但眼睛却很明亮。这种明亮，正是对共产主义信仰的坚信与追求使人焕发的光彩。古往今来，多少个人和民族在理想与信仰的照耀下创造了令人骄傲的荣誉与辉煌，让原本只是“寄蜉蝣于天地，渺沧海之一粟”的人类生命得到无限的升华。

理想与信仰使人明确人生方向。德国哲学家黑格尔说，信仰是完全属于一个人自己的内在的确定性，这是有一定道理的。因为理想与信仰首先给个体提供一种对于自我的规定性，提供自我价值的确定性和自我预设的规范性。也就是说，有了理想与信仰，就有了一个人区别于他人、区别于当下的确定性。在这个意义上，理想与信仰使人明确人生方向。苏联作家尼古拉·奥斯特洛夫斯基的名著《钢铁是怎样炼成的》是一部在苏联享有盛誉、深受中国读者喜爱并影响了几代人的文学作品。书中主人公保尔·柯察金的一句名言，曾经被无数中国青年立为自己人生的座右铭。他说：

> 人最宝贵的东西是生命，生命对人来说只有一次。因此，人的一生应当这样度过：当一个人回首往事时，不因虚度年华而悔恨，也不因碌碌无为而羞愧；这样，在他临死的时候，能够说，我把整个生命和全部精力都献给了人生最宝贵的事业——为人类的解放而奋斗。

的确，生命的有限让人不得不去思考应该怎么去度过，是要做一天和尚撞一天钟，还是要“人过留名，雁过留声”，做出点有益社会的事情。理想与信仰就好比人生帆船上的风帆，只有树立了方向才能乘风破浪。现代社会中，我们看到不少抱怨生活百无聊赖、无所事事的人。尤其是在物质需求得到基本满足以后，有钱人往往不知道应该继续追求什么，在那些一出生就含着金钥匙的“富二代”中，有一部分不知道除了吃喝玩乐之外自己还有什么可做的，因而常做出一些违法乱纪，甚至无法无天的事情。理想与信仰为人们确立了人生方向，由此人才有精神的定力，才能在现有的生活状态下有动力去开拓新的世界、新的境界。中国古代四书之一——《大学》，开篇即说“大学之道，在明明德，在亲民，在止于至善。知止而后有定，定而后能静，静而后能安，安而后能虑，虑而后能得”。这里所说的，就是真正的向学，目的是使德行彰显、使人民面貌焕然一新，最终到达至善的理想境界。唯有确定了这个最终的理想和具体目标，人才能安定、宁静、心安、思考，最后有所成就。

理想与信仰激励人们奋斗。习近平总书记在十八届中央政治局第一次集体学习时曾做过这样一个比喻："形象地说，理想信念就是共产党人精神上的'钙'，没有理想信念，理想信念不坚定，精神上就会'缺钙'，就会得'软骨病'。现实生活中，一些党员、干部出这样那样的问题，说到底是信仰迷茫、精神迷失。"这句话说得十分的中肯和深刻。钙虽然在人体里占比不多，但没有它，人就会出现骨质疏松等各种疾病，身体就会垮掉。同样的，理想与信仰对于人也是如此。现实生活中，一些貌似老练世故的人常常调侃："不要和我谈理想，理想能当饭吃吗！"的确，精神替代不了实实在在的物质，理想也的确不能代替每天要吃的餐饭。但是，人没有理想与信仰的支撑，就很难面对和战胜生活中各种困难与挫折，在苦难面前就很可能放弃对自我的要求，甚至破罐子破摔，最终落得孤苦潦倒的结局。事实上，没有谁的人生是不需要艰苦奋斗就可以取得成功的。在中国近代革命史上，这样的例子数不胜数。孙中山先后领导过辛亥革命、二次革命和护法运动，直至逝世前，他仍在呼喊："和平……奋斗……救中国！"他一生经历了数次革命失败，却终生在践行"吾志所向，一往无前；愈挫愈奋，再接再厉"。支撑着这种屡败屡战的强大意志和斗争精神的，就是他对革命理想的不可动摇的信念。在弥留之际的遗嘱中，孙中山说道，"余致力国民革命凡四十年，其目的在求中国之自由平等。积四十年之经验，深知欲达到此目的，必须唤起民众及联合世界上以平等待我之民族，共同奋斗。现在革命尚未成功。凡我同志，务须依照余所著《建国方略》、《建国大纲》、《三民主义》及《第一次全国代表大会宣言》，继续努力，以求贯彻"。在每个民族的革命中，都会有孙中山先生这样的仁人志士。支撑他们浴血奋战的，就是对革命理想的忠诚。近年来，中国网络上流行一个词——"橡皮人"，指的是社会中这样一个群体，他们在职场上没有喜乐和痛感，也没有个性和追求，如同橡皮做的无生命的人一样，每天如行尸走肉般完成工作。说到底，他们之所以成为"橡皮人"，都是因为没有一个理想在指引和推动他们，没有一种信仰在支撑他们。

理想与信仰使人超越自我。我们每个人的大部分时间都生活在某种特定的环境里，和固定的人打交道，做着相对固定的事情，接触到的信息和事物也是相对固定的，然而，这种固定性往往会成为我们的局限性。因为在我们熟悉的这些事物之外，还有更加广阔的世界是我们所不知道和不了解的。一个远大的理想能够让你的目光永远不局限于自己的天地，不断地拓展自己的眼界，丰富自己的人生。在中国先秦思想家中，荀子曾经说过："浅不足以测深，愚不足与谋智，坎井之蛙不可与语东海之乐。"《韩非子》当中也提道："志之难也，不在胜人，在自胜也。"这两句话表达的意思就是，理想与信仰不是用来战胜他人，而是指向自己，使自己一步步向上到达一个更高的境界。诚如此，理想与信仰使我们超越自己，不仅会使我们不断打破自己现有的格局而成为一个更完美的人，甚至会使人的精神进入一个极广博深远的境界，忘记了自己是受到局限的个体存在，忘记了个人的得失荣辱，从而感受到一种强烈的崇高感、价值感和使命感。很多对某种宗教或主义抱有执着信仰的人，都有过这种忘我的体验。曾经有哲学家将这种体验比喻成攀登精神的秘密楼梯：人由低层的楼梯上升到高层，越往上走越失去自我意识，而感到一种强大的超越自身的召唤。这种体验虽然可遇而不可求，必然是具有某种强烈的信仰才能产生的精神感受，但它离我们也并不那么遥远。我们现代人时常会觉得精神空虚，尤其是在狂欢之后，本来是想通过消遣娱乐放松心情，结果却常常是陷入更大的空虚之中，原因就在于满足食色之欲是人的天性，但寻求精神上的充实与超越同样是人的天性。科学的、崇高的理想与信仰能给人无限的价值感与使命感，让人觉得自己的所作所为具有无上的光荣，从而能够看淡眼前的得失，得到追求信仰的快乐、幸福和满足。举例来说，曾经去过中国西藏的游客，应该都不会忘记那些去拉萨朝佛的虔诚信徒。信徒从遥远的故乡启程，手戴护具，裹着护膝，前身挂一件毛皮衣物，口中念着佛教六字真言，三步一跪拜，先是膝盖着地，然后全身俯地，额头轻叩地面，如此周而复始，不断行进着、祈祷着。他们手上的护具和膝盖上的护膝大多都已经磨破，眼神却异常的清澈和坚定。不管天气如何恶劣，他们都心无旁骛地行进在前往朝佛的路上，丝毫不会用偷懒的方式来减轻劳累。他们祈祷行进的时间短则三至四个月，长则六至七个月甚至更长，只为了达成朝佛的心愿，表达对神灵的敬畏，祈求神灵的保佑。在他们的行为中，我们看到了一种超越，这种超越首先是对于个体生理体能的超越，而这种超越的背后，不得不说是一种信仰在支撑着他们的生命追求。

理想与信仰使一个群体形成共同的精神纽带。一个有理想与信仰的人会不断地追求卓越，而当一群人都分享同样的理想与信仰的时候，他们就会形成强大的凝聚力，互相感染和激励着为实现理想而奋斗，紧紧地联系和依靠在一起，从而成为一个日益团结与强大的群体。众所周知，犹太民族是一个饱经苦难而又了不起的民族，不仅创造了令人叹为观止的精神文明，而且也贡献了十分丰富的物质文明。有人说，一部犹太民族史，也是一部颠沛流离的苦难史，此言不虚。自公元前 2000 年左右，先知亚伯拉罕带领族人在迦南定居而形成真正意义的犹太民族开始，他们经历了出埃及、沦为巴比伦之囚直至被罗马征服的时代。尤其是在罗马人统治期间，犹太人因遭受到残酷迫害而纷纷背井离乡、散落各地，开始了犹太历史上长达 1 800 余年的大流散时期，其间又经历了周而复始的反犹浪潮，直到 1948 年以色列国的成立。然而，大流散不仅没有使犹太民族消亡，反而使这个民族变得愈加团结和强大，诞生了一大批举世瞩目的杰出人物：卡尔·马克思、爱因斯坦、弗洛伊德、斯宾诺莎、马克斯·韦伯、海涅、基辛格、斯皮尔伯格等等。犹太民族之所以能够流而不散，最重要的是因为他们保持了犹太教的异常坚定的信仰。犹太教有十分严格的教规，他们将《托拉》（《圣经·旧约》）看作本民族至高无上的珍宝。除此之外，犹太人还有一部圣书——《塔木德》。这部书吸收了《托拉》的精髓，记录了 2 000 多名拉比贤哲的言论，“包含了希伯来思想的每一个方面和人类精神的每一个话题”，它“如此细致地阐明和描述的生活方式，使得所有以色列人民融为一个整体”[9]，更成为犹太人日常生活最重要的“伴侣”。此外，虽然犹太人长期处于被其他文化包围的弱势状态，但他们内部精诚团结、自成体系，在每个犹太社团内，犹太教堂都是社团成员一切活动的中心，并且有自己独立的学校、管理机构、宗教法庭等。统一的宗教信仰成为保证犹太社会一体化、协调化、整合化不可或缺的文化工具，使他们的民族能在外界歧视和迫害的环境下延续千年而不倒。在这里，我们看到的是理想与信仰的力量，看到的是基于理想与信仰而生发出的强大的凝聚力和团结力。

（三）人类的不同理想与信仰

理想与信仰都蕴含着人们对于事物美好未来的期望，世界上绝大多数的理想与信仰都追求真善美，能给予人们积极开拓人生、珍视生活、追求卓越的正面动力。虽有这样的共同点，但它们仍然呈现出千姿百态，不同国家、不同民族、不同地区的人们会用各种各样的方式来表达自己对于某种事物的敬畏和对于未来的期冀。正是这种“和而不同”构成了人类生活的丰富性，展现了人在不同的地理环境、人文历史中创造出的文明的多样性，其本身也说明了理想与信仰是人类生活和文明中浓墨重彩的一部分。

自有人类开始，就有了人类的理想。古往今来，人类提出了无数的理想，也将很多理想变为现实。值得提出的是，在 20 世纪 60 年代，美国民权运动领袖马丁·路德·金所做的《我有一个梦想》的演讲不仅唤醒了无数的黑人去追求人权和身份的平等，也成了世界各地不同肤色、不同种族、不同阶层的人们用来表达对平等、自由、公正的理想社会的向往而一直传诵的经典。他在演讲中的呐喊至今言犹在耳：

> 我梦想有一天，这个国家会站立起来，真正实现其信条的真谛：“我们认为真理是不言而喻，人人生而平等。”
>
> 我梦想有一天，在佐治亚的红山上，昔日奴隶的儿子将能够和昔日奴隶主的儿子坐在一起，共叙兄弟情谊。

我梦想有一天，甚至连密西西比州这个正义匿迹、压迫成风、如同沙漠般的地方，也将变成自由和正义的绿洲。

我梦想有一天，我的四个孩子将在一个不是以他们的肤色，而是以他们的品格优劣来评价他们的国度里生活。

说到人类的信仰，我们不得不再次提及宗教信仰。宗教信仰在人类上古社会就产生了，一直发展到今天，俨然已经成为人类生活中非常重要的一部分，也创造出了自身十分独特的宗教文化。就世界三大宗教来说，佛教、伊斯兰教和基督教在世界各地都拥有众多的信徒。虽然它们的教义各有不同，而且在全球化交流的过程中，三大宗教在不同的地区有和谐共融也有冲突，但是对于每种宗教的信徒而言，这一种信仰对于他们的人生意义几乎是决定性和根本性的，人们在生活中以各种各样的方式表达对自己所信仰的神明的敬畏，并以此来规范和提升自己的生活和生命。

在中华大地上，民间的信仰也极为丰富。多民族融合的背景赋予中国人丰富多彩的信仰文化，这种文化常被学者概括为“万灵崇拜”与“多神崇拜”[10]。这种崇拜，从原始信仰一直发展到现代依然存活的民间信仰，始终是最基本的信仰形式。比如，动物崇拜是中国人众多民间崇拜中十分重要的一种，因为动物对于人类生活有极大的影响，所以自远古时期开始，动物，特别是某些在先民眼中具有“神性”的动物就受到了人们的崇敬。不同的民族和地区，也会有各自不同的动物崇拜和图腾崇拜。

第三节　对中国人理想与信仰的研究

信仰问题并不是一个新命题。一直以来，国内外都有不少人对中国人的信仰进行了研究和探讨。在深入探析中国人的理想与信仰之前，有必要对此前的研究情况做一综述，以明晰我们研究的独特性和价值所在。

（一）国内对中国人理想与信仰的研究

国内对中国人理想与信仰的研究多始于近代，正如一些学者所说的，中国人的信仰问题从来是与中国问题相联系的。众所周知，近代中国遇到了民族生死存亡和命运走向的问题，于是国人的理想与信仰也愈来愈多地受到重视，常常被拿出来做剖析，甚至被看作影响民族前途的关键要素。所以，我们可以看到的是，在清末民初的中国，民族性、国民性是个十分热门的话题，这其中也必然会涉及对中国人理想与信仰的探讨，即中国人的理想与信仰是什么，这样的理想与信仰和民族的未来有什么关系，应该建立怎样的理想与信仰以实现民族的独立和富强，等等。

从现有情况看，大多数的国内研究者都会认可这样一种关于中国人理想与信仰发展历程的描述：近代以前，中国人的精神世界深受以儒家思想为主导的传统文化影响。中国人的世界观和价值观体现了明显的儒、释、道三家杂糅的思想，其中，受儒家思想的影响最为深远。它使古代的中国人基本认可一种儒家式的理想与信仰，即希望成为圣人君子，追求"内圣外王"，将一种对天下关怀、对自我要求的精神作为信仰支撑，其中最具有代表性的当属北宋理学家张载的那句名言——"为天地立心，为生民立命，为往圣继绝学，为万世开太平"。

到了近代，面对西方列强的侵略，中国人才在睁眼看世界的过程中开始自我反思和改造，从学习西方的坚船利炮到搬用西方的政治制度，再到意识到文化落后是造成中国落后于西方列强的原因，这个过程既是对当时中国所面临的现实的反思，也是对未来中国前途和命运的期望。于是，20世纪初，中国先进的知识分子纷纷开始宣扬西方文化并以其改造中国文化。其间，最著名的当属1915年开始的新文化运动。在那个时代，一种占主流的认知是，"科学和民主是'五四'时期为了拯救中国社会秩序和信仰危机举起的两面旗帜"[11]。新文化运动提出了“打倒孔家店”、提倡白话文等主张，旨在用西方的民主和科学观念全面改造中国以儒家思想为根基的传统文化。在这一时期，中国知识界爆发了一场关于科学与人生观的激辩，被后人称为“科学与玄学之争”。围绕着“科学是否对人生观有决定作用”，玄学派认为以科学否定中国传统文化、全面取代文化的建设，无法真正为中国人确立新的信仰，而科学派则认为科学可为现代人提供一种深信不疑的意义世界，成为一种最可靠的人生观和信仰。辩论的结果是，科学派占取了上风。但事实上，科学派也并没有真正解决在否定了传统的中国思想文化之后国人的信仰问题。到新文化运动后期，随着俄国十月革命的胜利，马克思主义从欧洲传到中国并渐渐成为社会的主流思想。1949 年，中国共产党领导的新中国成立，马克思主义开始更加广泛和深入地影响和指导中国人的生活，共产主义成了无数中国人为之不懈奋斗的崇高理想与伟大信仰，中国人在中国共产党的带领下为实现这一理想开始了艰苦卓绝的摸索与实践。

“文化大革命”以及 20 世纪末世界共产主义运动的受挫，一定程度上给中国人的马克思主义信仰带来了负面影响。随着 80 年代中国改革开放的逐渐深入，西方思想文化越来越多地进入中国，不同文化之间的碰撞造成了那一代大多数中国人思想上的混乱与精神上的迷茫。当时有个颇具影响的事件，即“潘晓来信”，在此值得一提。1980 年，《中国青年报》刊发了一篇署名为潘晓的年轻人给报社的来信。潘晓在信中吐露了过去数十年的经历所带来的彷徨、苦闷、迷惘与怀疑，最后发出了“人生的路啊，怎么越走越窄”的感叹，激起了亿万刚刚从“文化大革命”中走出来的青年人的共鸣，并引发了一场震动全国的“人生的意义究竟是什么”的大讨论。这封来信以及这场讨论，其实是提出了一个关于现代中国人理想与信仰困境的问题，反映了处在马克思主义信仰受挫、中国传统文化支离破碎和西方文化强势来袭的文化多元化境况中的人们所面临的精神迷茫和信仰缺失。时至今日，随着中国共产党和社会各界力量的不懈努力，当年这种信仰混乱和迷失的局面已大为改观，但中国人的理想与信仰依然是社会广为关注和持续探讨的焦点问题。

对于中国人的理想与信仰的大体面貌，国内的研究是有多种观点的，可谓众说纷纭，总的来说，大体可概括为这样三种观点：

一是杂糅说。对于大多数的中国人而言，理想与信仰的构成比较多元，而并非只有一个单一的信仰。这一点与很多以某种宗教为自己信仰的西方人有很大不同。古代的中国人虽然主要受到儒家思想的熏陶和影响，多认同和追求儒家式的人生理想和精神追求，但由于儒家思想与道家思想、佛教思想等其他一些流派的思想本身就有不少相通和相互影响的地方，因此中国古代社会的文化传统绝不能说单指某一种纯粹的思想，而更应该被看作几家思想的相互碰撞与融合，尤其是儒、释、道三家杂糅后形成的一个复合型的文化价值体系和生存信仰体系。不仅在古代，生活在现代的中国人，他的理想与信仰也很少是唯一的。中国历史与文化传统的丰富性决定了中国人在精神世界里可能同时受到几种思想的影响，但是它们大部分在根本的追求上是相似的，因而能在中国人的精神世界中和谐共处。比如，马克思主义信仰是现代中国人最主要、最重要的信仰，在中国共产党的带领和指引下，中国人民都拥护以马克思主义为指导思想的、以“全心全意为人民服务”为宗旨的中国共产党的领导，并为建设社会主义和实现共产主义的远大理想而辛勤工作、努力生活。同时，中国传统的思想文化对于普通的中国人而言，也是不能抛弃和不可能抛弃的。因为它就像中国人的精神印记一样，从出生就如影随形，在衣食住行等日常生活的各方面潜移默化地影响中国人的价值观念和信仰体系。因此，你会看到现代的一些中国人依然会严格要求自我并追求完美人格，他们具有“乐天知命”的人生态度和生活追求，认可和践行“修身、齐家、治国、平天下”的人生理想。中国传统文化中的诸多方面与马克思主义不仅没有冲突，反而是相似相通的，也是可以沟通并融合在一起的。比如，中国古人孜孜以求的最高理想是实现“大同”——“人不独亲其亲，不独子其子，使老有所终，壮有所用，幼有所长，矜寡孤独废疾者皆有所养，男有分，女有归。货恶其弃于地也，不必藏于己；力恶其不出于身也，不必为己”，这与马克思主义所追求的“每个人的自由发展是一切人的自由发展的条件”“各尽所能，按需分配”的共产主义社会理念几乎是完全一致的。从上面这个例子中，我们可以看到，不同文化信仰的相互补充和融合形成了中国人理想与信仰中特有的杂糅性。古代如此，现代亦然。

二是模糊说。中国人的理想与信仰世界并不易被完全清晰地呈现或描述出来。这种模糊性不是指中国人缺少理想与信仰，而是指中国人的理想与信仰很难被简单地归纳为一两种宗教学说或思想，也不能简单地套用某种现成的模式来言说它。正因为其有复杂的多面性，不容易被一下子准确地、清晰地分辨和把握，才有雾里看花的感觉。但是从另外一个角度来说，这也是中国人理想与信仰的杂糅性的另一个证据。中国人的精神世界是十分开放包容的，十分善于吸收各个民族的优秀文化，也因此有学者将中国文化比喻成一个“大染缸”。任何进入这个“染缸”的外来思想，只要稍稍改变其原来的内容与形式，就能与中国原本的文化相适应，“染”出中国独有的特点，这样它便在中国文化的这个“染缸”中与其他文化相伴相生。原本在其他国家或地区看似不可相容甚至难以相遇的两种文化，在中国神奇地实现了和谐共处，有时候甚至可以互相补充、互相替代。当然，模糊并不等于没有，中国人的思想潜移默化地受到诸多文化思想的影响，其理想与信仰也会在特定的情境中展现其中某一方面。比如，中国人具有爱家的观念和情怀。古往今来，家庭都是中国人生活中最为重要的组成部分之一。中国人常说：“一屋不扫，何以扫天下”“家和万事兴”。每当春节临近时，从千千万万在春运高峰期为了买到车票彻夜在火车站排队、哪怕站立几十个小时也要在除夕夜赶回家过年的中国老百姓那里，你就可以看出对和谐美满的家庭生活的追求和坚守是中国人多么重要的理想。再比如，中华民族自古是一个崇尚和平的民族。英国哲学家罗素甚至说“如果世界上有‘骄傲到不肯打仗’的民族，那么这个民族就是中华民族”。实现世界的和平是中国人的理想，这在平时可能不容易看得出来，因为人们不会常常把促进世界和平挂在嘴边，但是当世界某个地区发生恐怖袭击或者其他危害到当地民众生命安全的事件时，中国的维和部队总是及时出动，普通民众也是时时关注报道并参加祈福、捐资捐物等活动。基于爱好和平的愿望，中国人常常希冀世界是和平的，是没有硝烟战火、没有战争灾难的。

三是危机说。这一观点认为当代中国人存在着信仰危机。持这种观点的学者，多数看到了当今中国人理想与信仰的种种困境与不如意，并积极地寻求走出信仰困境的方法。持危机说的人认为，中国社会如今出现的诸多问题，例如诚信缺失、道德滑坡、患有抑郁症焦虑症等心理问题的人数剧增，与当代中国人理想与信仰的缺失有很大关系。造成这种信仰危机的原因，是缺少一个强势而稳固的现代文化体系作为中国人的信仰来源，而思想文化的多元性又在一定程度上造成了人们精神上的迷茫和困惑。这种问题的出现，是与中国的现代化进程分不开的。很多处在现代化转型中的国家，都会面临信仰崇高性和神圣性失落的问题。这在很大程度上也是现代性带来的必然后果之一。因为现代性对科学的崇尚以及怀疑的、祛魅的精神，使得带有超越性的信仰受到了很大挑战。在无法及时理解和应对这些挑战之时，人们就会变得越来越讲求实用性、注重功利性，努力追求当下的生活和个人的享受而忽视道德和精神上的升华。这不仅仅是中国人的问题，也是世界上很多现代化国家都面临的问题。在人类即将跨入20世纪之时，哲学家尼采曾经预言说，“上帝已死，一切都是可能的”。然而，之后的历史却证明，“上帝”所代表的精神信仰失去了原有的权威，但不意味着人类可以因此享受无拘无束的自由。恰恰相反，在抛弃了信仰的约束之后，战乱、饥荒、生态危机、毒品泛滥、寡头强权、贫富悬殊、种族歧视等问题不断，人类社会陷入了另一个痛苦的旋涡。因此，出于对西方现代化的反思和对中国历史道路的警醒，越来越多的中国人呼吁加强马克思主义理想信念教育，同时重拾中华优秀传统文化，为中国人的理想与信仰注入更加丰富的内容和强劲的动力，使中国人在当前社会转型中不至于被

“纯粹理性化、科学化”的反传统浪潮吞没掉理想目标和信仰支柱。

（二）国外对中国人理想与信仰的研究

英国著名汉学家雷蒙·道森曾经感慨地说，在西方人的眼中，中国及其文化就像是一条变色龙，总在不断地变化着。的确，从公元前5世纪开始，中国和西方就开始了相互之间的来往与交流。中国经历了无数次的朝代更迭和复杂的历史变迁，来到中华大地旅行、生活并将他们在中国的所见所闻传回西方的外国人也不断变化着。毫无疑问，来华者的身份、经历、受教育背景和当时中国社会的历史大环境等影响着他们对于中国人的认知，因此我们在外国人的眼中常常会看到很不一样的中国和中国人的形象。一方面，了解这些认知有助于我们从他人这面镜子中更好地认识自己；另一方面，也需要我们细细地琢磨和推敲他们的观点，看看是否会在跨文化的交流中因文化差异而导致认识上的偏差，特别是在用自己的眼光看待他人时所产生的认识偏差。对于一个民族的理想与信仰这样的观察对象，纠正这种偏差尤其重要，当然也很不容易。因为理想与信仰是文化带给人的最为抽象和深刻的影响。诚然，若非像一个真正的中国人一样在中华大地上生活与思考，一个外国朋友是不太容易准确而全面地认识中国人的理想与信仰世界的。

最早为欧洲人揭开中国人头上的神秘面纱的是中世纪的那些到中国来的旅行家、传教士、使节、政客和商人，比如意大利人郎世宁、比利时人南怀仁、德国人汤若望等。在他们流传于后世的文献中，大多都惊叹中国物产的富庶和社会生活的井然有序。到了17世纪，来到中国的欧洲人开始从关注中国人的物质生活到更多地关注中国人的精神世界和人文生活。比如，为中国人所熟知的、明代来华的传教士利玛窦，将其在中国的所见所闻写成文字作品，这些作品流传于欧洲各国。他们在中国传教的过程中，出于职业本能地更多关注和接触中国人的精神世界尤其是有关信仰的部分，所以相关的论著也比较多。在他们的认识中有很多相似的方面，同时也免不了出现对同一个问题截然不同的观点和判断。

举例来说，来华的西方人基本都认为儒家学说是中国的宗教，是主导中国人信仰生活最重要的力量。他们中的一部分人通过研究中国古代宗教，提供了很多证据来表明中国人意识到了“至高的主”，进而认为儒教是诺亚疏散后被带到中国的古犹太教教导的衍生物，并把道家和佛教视为反对并腐蚀这一古老教义的虚伪教派。这种肯定儒教与基督教的联系并对儒教推崇备至的态度，传回欧洲之后使得当时的欧洲人大多对孔子和儒学充满了兴趣。尤其是在启蒙运动时期，不少启蒙思想家都对中国文化，尤其是儒家文化进行过深入研究并大加赞赏。在这些著名人士中，有伏尔泰、斯宾诺莎、莱布尼茨、马勒伯朗士及马休·廷德尔等。其中，英国人廷德尔曾经这样说过：“我根本不认为孔子的教条与耶稣的教导有什么区别，而是认为前者平易通俗的教条，更助于人们理解后者晦涩不明的教导。”[12]可见西方人对于中国人儒教信仰的关注程度。将儒教作为中国人最重要的宗教信仰并将其与基督教相提并论的观念一直延续到 19 世纪。其间，虽然也有不少外国学者、传教士以及中国学者质问“中国是否存在宗教？儒家是不是宗教”，但是“中国是整体的、单一的儒教国家”的认知依旧在西方占据主导地位。英国汉学家罗伯特·肯纳韦·道格拉斯爵士曾在 1879 年对儒家经典评价说，“没有任何东西可以与它们相提并论，其内涵完全与民族精神相和谐，人们被教导要把它们尊崇为最高智慧的倡导者”，“往前追溯，四十代中国人都完全从属于一个人的权威意见”[13]。毫无疑问，在道格拉斯看来，这个像主一样主宰中国人精神生活的人就是孔子。

但是，也有西方学者对孔子及其学说并不认可。其中，最著名的是 19 世纪下半叶的传教士理雅各。他是传教士出身，后来成为牛津大学的第一位汉学教授。他认为，孔子在“上帝是否存在”这一问题上缺乏古代圣贤的那种忠诚。上帝是天国和人间的统治者，是人类道德力量的源泉，是各民族人民的主宰，但是孔子却很少正面探讨上帝的问题，甚至以“未知生，焉知死”的态度来回避。理雅各还认为，中国人在早期历史中曾有过一种纯粹神教的信仰，后来这种信仰衰落了。他声称，孔子不能理解他无限崇敬的那些圣贤的精神风貌，把他们的学说降到他所具有的低水平上，因而没有忠实地传播古代圣贤的学说。另一位英国传教士麦都思也认为，孔子对上帝的刻意抵制使得一向尊重他的好几代中国人民误入歧途。他说道："这样一种深刻的、聪明的、有活力的和独立的智慧竟然没有顺着一代一代人的足迹追溯到伟大的造物主，而让他的追随者对于活的、真的上帝的存在、表征，及其造诣一无所知，这是一种人心堕落的可悲证据。"[14]但是，不管是赞赏孔子及儒家思想，还是认为儒家思想有种种大的弊端，我们看到西方的观察者们几乎无一例外地将儒家思想作为一种宗教看待，也就很自然地将中国人的这种宗教信仰与他们的基督教信仰进行比较了。

在中国人的理想与信仰世界中，最令西方人印象深刻的，除了儒教的影响之外，还有祖先崇拜这一现象。有些传教士甚至认为，祖先崇拜是中国人最为重要的信仰。何天爵（Chester Holcombe）是一位美国的传教士、外交官。他于 1869 年来到中国，先后在教会学校任教，后在驻华使馆工作长达 17 年之久。他根据自己在中国生活的观察，撰写了《真正的中国佬》一书，全方位地介绍了近代中国的政治法律制度、家庭社会生活、经济生活及制度、宗教习俗、教育文化等等。这部书对西方人了解中国及中国人产生了重要的影响，是近代西方人中国观的代表性著作之一。其中，他在描述中国人的信仰生活时说道：

> 毫不夸张地说，在中国，人们对于祖宗的崇拜现象非常普遍，它几乎渗透到社会的每个角落。施于每一个中国人，当然皈依基督教的人除外。那些异教徒在中国深受苛责斥骂之苦，甚至个别情况之下他们还会受到人身迫害。因为他们不敬天法祖，忽视对老祖宗的顶礼膜拜。迄今为止我们发现，这个民族的历史有多长，他们祖宗崇拜的历史就有多长。在中国人的民族性中，那是他们所有宗教形式中最源远流长、最根深蒂固的内容。[15]

至于相似的论述，我们还可以从其他在欧洲流传甚广、影响深远的介绍中国的书籍中看到，比如说，在华从事传教活动时间较长的传教士——英国传教士麦高温（John Macgowan），在《中国人生活的明与暗》一书中详细地记述了作者曾目睹过的一次氏族宗庙祭祀仪式。在司仪发言、烧香、作法等多项仪式结束之后，祭祀进行到最后一个环节，他描述道：

> 随着主持人一声号令，屋内所有人全部跪下，朝着灵桌的方向磕头。人人都全身心地投入祭拜中，五百个额头撞击着地面，发出清晰而又强烈的声响。一些小孩子在父亲的带领下也加入这一行列，只有让他们和其他氏族成员一起真正参加到这种宗教仪式中，才能在他们幼小的心灵留下不可磨灭的印象，让他们在今后的岁月中相信崇拜祖先是一件至高无上的事情。

他还总结道：

> 如果要寻求一个对中国各社会阶层均具有巨大影响和统治作用的宗教力量，我们会发现，那就是祖先崇拜。在信仰领域中，没有谁可以替代它们的位置，哪怕只是一瞬间的。举例来说，一个人既可以崇拜偶像，也可以不崇拜偶像，既可以表明对偶像的信仰，也可以对其持有完全的怀疑态度，……然而，如果让他完全否认对祖先的崇拜，那么不仅仅是他的亲人，甚至他的邻居都会对他报以极为蔑视的态度。在中国，对一个人最刻毒，也是刺激最大的辱骂就是嘲笑他没有祖先，中国人以这种辱骂来对待那些皈依基督教的同胞。[16]

毫无疑问，包括来华的游客、传教士、外交官和学者等在内的那些观察中国的西方人，对于中国人理想与信仰生活的描述和记载大多是真实可信的，也具有较强的代表性，他们所强调的儒家思想、祖先崇拜以及多神信仰、“大同”理想等，确实也都是中国人精神世界中十分重要的组成部分。同时，西方人总结中国人的理想与信仰具有的一些特点，例如实用性、功利性、模糊性等，也都不乏一定的道理。

正是在东西方文化的交流中，通过外国观察者自觉或者不自觉地将中国人的信仰与西方人通常单一的、超越性的宗教信仰相比较，中国人的这些特点反而更加凸显出来。了解这些，无疑有助于我们更好地了解自身的独特性，了解我们在世界文明中的位置与价值。但是，我们也要看到，这种不易察觉和克服的、以自己的文化为观察其他文化的参照物的态度和做法，往往也容易造成对其他不同文化的误读，甚至得出“文化优劣”的比较，这既不尊重其他文化圈的人，也无益于人类文明的多样性。以一些西方人对中国祖先崇拜的看法为例，虽然他们都看到了“祖先”对于中国人的重要性，但是往往对此并无好感，因为他们认为祭拜的祖先是去世的人，很多辈分相差较大的后人对于先祖可能毫无认知，祭拜对于这些后人来说只是例行公事，而且祭拜先祖的目的更多是后人向先人祈求庇佑和消灾，在西方人看来这实在是太过功利而且毫无意义，这恰恰是他们认为中国人应该接受西方的基督教信仰以提升其精神境界的一大依据。在看待中国人的理想与信仰生活时，西方人往往习惯从宗教的角度进行解读，这显然也与他们的信仰传统有关。但是，正如我们在本书的开篇就说明的，信仰不仅仅指宗教信仰，尤其对于中国人而言更是如此。如果不能很好地将中国人的理想与信仰看作一种独特的存在，而偏要以西方的信仰传统为标准的话，就很容易得出“中国人的信仰是儒教”或者“中国人没有信仰”这样偏颇的判断。如此，在西方人那里，出现对中国人理想与信仰的误解与误读，也就是不可避免的事情了。

注释

[1] 杨立新. 习近平用典：信念篇.（2015-03-13）. http://theory.people.com.cn/n/2015/0313/c394175-26686653.html.

[2] 时蓉华. 社会心理学词典. 成都：四川人民出版社，1988：154.

[3] 陈国强，石奕龙. 简明文化人类学词典. 杭州：浙江人民出版社，1990：366.

[4] 于本源，索爱群，郭锡民. 中国伦理学百科全书：宗教伦理学卷. 长

春：吉林人民出版社，1993：189.
[5] 现代汉语词典．7版．北京：商务印书馆，2016：1462.
[6] 李德顺．价值论．北京：中国人民大学出版社，2013：140.
[7] 冯天策．信仰导论．南宁：广西人民出版社，1992：23.
[8] 荣格．寻求灵魂的现代人．贵阳：贵州人民出版社，1987：194.
[9] 罗斯．简明犹太民族史．济南：山东大学出版社，2004：156-157.
[10] 乌丙安．中国民间信仰．长春：长春出版社，2014：1.
[11] 张琳．现代性的信仰困境与信仰塑造．北京：中国社会科学出版社，2012：150.
[12] [13] 道森．中国变色龙——对于欧洲中国文明观的分析．北京：中华书局，2006：81.
[14] 同 [12] 178.
[15] 何天爵．真正的中国佬．北京：中华书局，2006：99.
[16] 麦高温．中国人生活的明与暗．北京：中华书局，2006：74.

The Ideal and Faith of the **Chinese**

第二章

中国人的理想与信仰的体系及特质

2 中国人的理想与信仰的体系及特质

一个人群有一个人群的风格，一个民族有一个民族的品质。对于中国人这个称谓来说，其内涵即所有隶属于中华民族的人。众所周知，中华民族有着悠久的历史和灿烂的文化，中国人也常常因拥有这样的一份历史和一种文化而感到自豪，这一点同世界上任何具有悠久历史的民族和国家的人民都是相似的。由于独特的地理环境、生存条件、生产模式和生活状态，中国人养成了独特的理想与信仰体系。在这一章中，我们将着重谈中国人的理想与信仰的体系及特质。

第一节　中国人的理想人格

理想不是虚幻的，理想只有进入人格系统才能够塑造出典型的理想模式。因此，在深入研究中国人的理想与信仰时，我们计划从中国人理想与信仰的体系结构入手，对中国人的理想人格展开探究。事实上，人类从愚昧走向文明，从现实迈向未来，总是要凭借理想这一动力。因此，在人类社会的任何文化体系中，都存在关于理想人格和理想社会的命题。探讨中国人的理想人格和理想社会，就必须追溯到春秋战国时期。当时，动荡不安的社会环境激发了诸子百家对现实人生的思考和对美好理想人格的追求。

理想的寄寓之所，便是理想人格。所谓的理想人格，指的是一种道德的完美典型和至高的人格典范，是一个社会或民族至高至善的道德人格凝练，也是一种人性精华的浓缩。从本质上看，理想人格其实是生活在现实社会中的人们为自身所构建的一种未来的人格模式，表现为人们对于自身人格完善和道德完美的不断追求和憧憬。当然，这种未来的人格模式并不是一种固定不变的范式，而是可变化、可塑造的，具有极强的时代性和阶级性。因而，人们在不同的时代、不同的阶级中所推崇的理想人格是有所不同的。例如：传统儒家从社会群体的角度出发，追求的是尊奉伦理纲常的“内圣外王”的理想人格；道家则是更加注重个体社会价值，推崇的是一种无为的、自由的“道通为一”的理想人格；佛家则主张摆脱世事人情，远离尘世，推崇“智慈善仁”的理想人格。而在处于社会主义现代化进程中的中国，理想人格不仅涉及传统理想人格所强调的至真、至善、至纯的道德品质、情感操守以及思想素养，而且体现出人格现代性的一面。这种现代性的突出要求是：一方面，人要能够协调好自身的情绪、意志、性格、人生需要、人生价值观以及理想信念等，从而达到心理状态的和谐；另一方面，人要能够合理地处理好自身与外部环境的关系，尤其是在人际关系的处理上，既要做到自尊自爱，又要能尊重爱护他人并拥有较高的合作意识和集体荣誉感。需要指出的是，理想人格虽具有很强的时代性和阶级性，但这并不意味着不同时代、不同阶层的理想人格模式彼此是绝对独立的。相反，它们彼此之间往往是一种交错影响、融会贯通的关系。

（一）儒家的理想人格：从“君子”到“内圣外王”

当提及中国人的理想人格和中华民族的精神风貌时，首先呈现在世人面前的是正气凛然、浩然豁达、铁骨铮铮的君子之风。宋代范仲淹“先天下之忧而忧，后天下之乐而乐”、以天下为己任的宏阔胸怀，文天祥“人生自古谁无死，留取丹心照汗青”、舍己为国的赤胆忠心，周敦颐“出淤泥而不染”、矜而不争、群而不党的洁身自好，无不是“君子”人格的完美呈现。可以说，自孔子关于“君子”的思想成型之后，其逐渐发展为传统中国人构建理想人格的典范规则。但是，以孔子、孟子为代表的儒家，实际上设置了更高层次的理想人格——“内圣外王”。儒家对“内圣外王”理想人格的道德思考，在强调个体人格修养的重要性的同时，也注重个体道德修养和道德实践相统一，注重个体社会价值的实现。通而观之，孔孟作为儒家代表，由于身处社会环境的不同，对于“内圣外王”的理解和阐述也不尽相同。

作为传统儒家思想的鼻祖，孔子认为，圣王人格并非一蹴而就的，需要层层递进。因此，他设置了君子人格作为接近圣王人格的阶段性目标，由君而圣，唯有先做成君子，才有可能向圣王人格发展。从内容上看，对“仁”（“君子务本，本立而道生，孝弟也者，其为仁之本与!”）的习得和践行构成了孔子道德人格思想中“内圣”一维的核心。对“礼”（“非礼勿视，非礼勿听，非礼勿言，非礼勿动。”）的遵从和敬重则构成了孔子道德人格思想中“外王”一维的重要内涵。

在肯定孔子的仁礼之说的基础上，孟子通过“性善论”进一步将外在的社会规范与内在的道德自觉联系起来，并突出了“内圣外王”理想人格中“内圣”一维的重要性。在孟子看来，人心皆有“不忍之心”，人性中先验地包含了道德性。他将这种道德性归纳为四种类型：“恻隐之心，仁之端也；羞恶之心，义之端也；辞让之心，礼之端也；是非之心，智之端也。”孟子通过“性善论”建构的“内圣外王”理想人格，所突出的主要是其“内圣”的一面[1]。“外王”既由“内圣”而导出，又受“内圣”的制约。这样一来，孟子就强调了“成圣”和“成王”之间相辅相成、不可分离的辩证关系。

总的来说，中国儒家都注重高层次的精神追求，主张积极入世，具有“兼善天下”的进取精神，倡导“明道救世”，以天下为己任。儒家从“内圣”与“外王”两个方面阐述了知识分子的理想人格，所提出的圣贤都是道德上的楷模和精神上的典范，是一种德行人格。在儒家看来，理想人格首先必须具有一种仁爱的精神，是仁、智、勇三者的结合。同时，它还必须具备奋发图强、自强不息的进取精神和经邦济世、建功立业的宏伟抱负，即“为天地立心，为生民立命，为往圣继绝学，为万世开太平”。这种典型的儒家理想人格，无疑浓缩和包含了儒家对于人生理想的思考和设计。

（二）道家的理想人格：从“圣人”到“道通为一”

道家尚自然、求自由的人格特色，一直为不少中外人士所崇尚。道家学派的鼻祖老子是以“道”为其思想根基的。在他看来，宇宙万物都是由“道”派生出来的，而“道”的特性是“法自然”，即自然而然，它是包括人在内的宇宙万物存在与活动的法则。如果一个人能够按“道”之自然无为的特性行事，那么，他就是“圣人”，这是老子心中的理想人格。庄子的思想借鉴了老子，在很多方面不仅有继承，而且有创新。在人格思想方面，不仅有老子所谈的“圣人”，也有超越自然、超越世俗、超越自我、追求和谐的“圣人”“真人”“神人”。在庄子这里，人可以突破自我形位的局限而与他人、他物相感通，人的精神空间可以无限地扩张，与外在的自然宇宙产生同一感、融合感。

通而论之，老庄之“道”，属于哲学范畴，是宇宙万物的本体，其内涵是自然无为。老子说：“人法地，地法天，天法道，道法自然。”这可以说是道家自然哲学的总纲，也是道家思想的核心。“道法自然”的本意在于说明道和天地万物都是以“自然无为”为法则。“道”的本性是“自然无为”，因而它体现在人的身上就是自然之性。道家认为人的自然本性是无知无欲、质朴无华，如同婴儿一样，纯真而自然。老子所谓“见素抱朴，少思寡欲”即道家的自然人性论的基本内涵。但是，人一降生于世，便陷入物的奴役之中，或为名，或为利，终日奔波纷争。在道家看来，人为物役，实际上是人私欲膨胀的一种表现。《老子》指出：“祸莫大于不知足，咎莫大于欲得。”《庄子》也指出：“其耆欲深者，其天机浅。”正是由于人们对名和利的争逐，人为物役，便失去了个体的自我独立与自由。正如庄子所说：“一受其成形，不亡以待尽。与物相刃相靡，其行尽如驰而莫之能止，不亦悲乎！终身役役而不见其成功，苶然疲役而不知其所归，可不哀邪！”（《庄子・齐物论》）

在道家看来，人不仅会被物所役，而且还会被社会伦理规范所束缚，特别是儒家所倡导的仁义礼乐，更是束缚人的枷锁。老子说，“大道废，有仁义”，“夫礼者，忠信之薄而乱之首。”庄子认为，“夫孝悌仁义，忠信贞廉，此皆自勉以役其德者也”（《庄子・天运》）。道家认为“仁义”这种东西，破坏了人的自然之性。因此，道家提出“少思寡欲”的主张以恢复人性的纯洁，认为人必须复归于“道”本体，即复归于人的自然本性，这样才可以实现自己的理想人格。

总之，道家的理想人格境界是主张淡泊名利、平和心性，主张“轻利寡欲”“致虚守静”“无私不争”，强调弃智，崇尚无为，提倡无欲。恰如老子所说的，“是以圣人不行而知，不见而明，不为而成”（《老子·第四十七章》）。概而言之，道家的理想人格是“道通为一”，强调人的精神自由和意志独立。在道家看来，现实的个人在社会中是极其渺小的，人所要做的是保持其自然本性，不为物欲蒙蔽，不为他物牵累，致虚极，守笃静。如果人们真能做到“无名”“无功”“无己”，便可以达到逍遥游的理想境界，这种境界可以超脱物我、是非、善恶、生死，不受世俗礼教的任何束缚，而能“游于六合之外”。不过，与儒家一样，道家的理想人格也只是中国人理想人格的一个组成部分。

（三）佛家的理想人格：集“智”“慈”“善”“仁”于一体的幻化人格

佛家理想人格的特质就是一个字——佛。“佛”的人格在中国人的精神世界里占有一席之地，甚至可以说已成为中华民族精神深层结构的一个组成部分。从理想人格的角度分析，佛家人格是集智、慈、善、仁为一体的。或者说，佛家的理想人格表现为如下四个特征：

第一，智——大彻大悟。所谓佛性，即众生觉悟之因。觉悟是佛性的基本含义，又是人生智慧的象征。大彻大悟在佛性中包含两个方面：一是彻底看破现实人生；二是寻找到摆脱现实人生苦恼的途径，即超越人生，立地成佛、脱离苦海就是人生的最高理想。“智”或“觉”是佛性的一大特征，佛家人格的第一个表征就是智者或觉者。

第二，慈——大慈大悲。佛教认为人生皆苦，因而人与人都应强调慈悲。“慈悲为怀”便成为佛家教义，大慈大悲也就顺理成章地成为佛家理想人格形象的又一表征。所谓大慈大悲就不是指一般的仁慈悲悯，而是要彻底唤醒、拯救全人类的慈悲，它大至整个人类，小及蚊虫小鸟，故不杀生成为佛家第一戒律。大慈大悲是一种情感需要，也是为人处世宽容原则的体现。这种慈悲为怀的处事原则所要求的处世方式就是“忍”，即佛家常说的，“大肚能容，容天下难容之事；慈颜常笑，笑世上可笑之人”。

第三，善——大德大义。佛的道德行为准则就是一个字——善，即所谓“积善成德，而神明自得”。这里的“善”体现了佛家人格与中国儒家人格的合流。中国佛性说不像印度那样高深莫测，又不像道家那样逍遥飘逸，而是具有其浓烈的现世特征和惩恶扬善的美德。从中国大地上分布众多的庙宇及农舍里大多供奉着观世音菩萨这一现象看，“劝人为善，与人为善”已成为中国老百姓的自觉行为。

第四，仁——自度度人。儒家的仁要求能“己立立人”，佛家的“仁”暗含了儒家人格的这一最高准则，不仅指达到自身的大彻大悟，而且指去拯救世人、普度众生。普度众生是佛家的人伦理想，立地成佛是佛家的人生境界。度人自度与自度度人的结合，人伦理想与人生境界的统一，构成了佛家理想人格的显著特征——仁者的化身。

可见，佛家理想人格是智者、慈者、善者与仁者形象的统一，是智、慈、善、仁的化身。在中国人的理想人格中，“成佛”代表了一种超越世俗生活的追求。即便不能够最终修成佛，中国人也强调把智慧、慈悲、至善和仁爱作为生命的底色。因此，在谈到中国人的理想人格时，其对佛性的追求和感悟是不能不论及的。

第二节　中国人的理想社会

受占主导地位的儒家思想的浸染，中国人的传统思想观念带有一个明显的特点，就是以政治伦理为本位。无论是大儒，还是普通的民众，人们都会关心社会的政治和伦理道德问题，或者说是，人们为了使社会达到一种理想状态而对政治与伦理给予高度的关注。在中国古代的儒、释、道三大思想体系中，都有关于理想社会或理想世界的学说。其中儒、道思想都有深切的社会关怀，因而它们对于各自理想的社会都进行过直接的表述，而佛教思想一般来说不大直接涉及社会问题，它所关心的主要是个人的解脱，因而主要是给人们指明解脱的方向。为达到这一目的，佛家也提出了理想世界的学说，这种学说与儒、道的理想社会大体相应，因而在这里不再单独进行赘述。

（一）儒家的理想社会：从“大同”到“小康”

基于孔孟对理想人格的探讨，儒家学者对理想社会做了清楚说明，提出了“大同”和“小康”理想社会的说法，其具体内容如下：

> 大道之行也，天下为公。选贤与能，讲信修睦，故人不独亲其亲，不独子其子，使老有所终，壮有所用，幼有所长，矜寡孤独废疾者，皆有所养，男有分，女有归。货恶其弃于地也，不必藏于己；力恶其不出于身也，不必为己。是故谋闭而不兴，盗窃乱贼而不作，故外户而不闭，是谓大同。（《礼记·礼运》）

由上面的引述不难看出，儒家所设计的理想社会的根本特点或者说总的价值理念就是“天下为公”。“天下为公”表现在三个方面：第一，财产公有，财货为全体社会成员所公有，这是“大同”社会的经济基础。而与社会的财产公有相联系的是私有观念的消失，即“人不独亲其亲，不独子其子”。第二，人人劳动，社会成员各尽其能，各得其所，这是“大同”社会的社会生活准则。第三，平等友爱，“选贤与能”，且贤者、能者与其他社会成员之间是平等的关系，人与人之间诚信和睦，社会的“矜寡孤独废疾者”都能得到很好的奉养。“大同”理想蕴含了儒家对未来高度和谐社会的最美好的憧憬，是儒家的最高社会理想和奋斗目标。

然而，完美的“大同”理想毕竟离现实太远，与现实的反差也太大，即使在今天也未能完全实现。有鉴于此，《礼记·礼运》又提出了下一层次的和谐社会理想——“小康”社会，并以此为可追求可实现的社会目标，其具体内容如下：

今大道既隐，天下为家，各亲其亲，各子其子，货力为己，大人世及以为礼。域郭沟池以为固，礼义以为纪；以正君臣，以笃父子，以睦兄弟，以和夫妇，以设制度，以立田里，以贤勇知，以功为己。故谋用是作，而兵由此起。禹、汤、文、武、成王、周公，由此其选也。此六君子者，未有不谨于礼者也。以着其义，以考其信，着有过，刑仁讲让，示民有常。如有不由此者，在势者去，众以为殃，是谓小康。

不难看出，“小康”社会的最大特点是“天下为家”。在这样的社会里，财产仍然归私人所有，私有观念仍然占据着人们的头脑。孔子指出，在这样的社会状况之下，要想取得社会的和谐，就必须通过“礼”的规范来维持一定的社会秩序，要建立明确的赏罚机制，建立正确的价值导向和行为律令，通过像禹、汤、文、武、成王、周公这样的圣王，实现社会良好的治理。

“大同”理想和“小康”社会作为儒家描绘的社会理想的蓝图，反映了社会发展的阶段性和层次性。其中，“小康”社会是更贴近传统儒家所生活的时代的近世理想，是他们所努力追求并首先要达到的社会目标，对人们具有较强的引导作用。“大同”理想则是在实现“小康”社会的基础上更进一步、更高一层的社会理想目标，具有跨越时代和跨越低层次世俗生活的激励作用。

（二）道家的理想社会：“小国寡民”

数千年来，源远流长的道家文化始终与居于“独尊”地位的儒家思想相互对立、相互补充，共同汇成中华思想文化的主流。如前文所述，道家大多对现实社会持失望的态度而带有明显的避世倾向，因此他们不像儒家那样积极参与社会政治问题的议论。不过，这并不意味着道家没有社会关怀，实际上他们经常对现实社会进行公开的批判，希望按照“道”的法则来建立理想的社会。道家的社会批判和文明批判，表明他们向往的是公平、和平以及自然淳朴的社会。老子把这种理想的社会称为“小国寡民”。

> 小国寡民。使有什伯之器而不用；使民重死而不远徙；虽有舟舆，无所乘之；虽有甲兵，无所陈之。使民复结绳而用之。至治之极。甘其食，美其服，安其居，乐其俗。邻国相望，鸡犬之声相闻，民至老死不相往来。(《老子·德经·第十八章》)

这里描绘的是一幅古代乡村社会的田园景象：国土不大，人口不多，不使用便利高效的机械器具，也不必远徙异国他乡，车船兵器全是多余的，结绳记事足以生活，百姓安居乐业，满足现有的生活，邻国相近而互不来往，大家各得其乐。在道家看来，自然的村落，原始的文明，自给自足的生活，没有过多的欲望，也没有外界的干扰，人们和平地生活在自己的家园，这样的生活最符合“道”的自然法则，因而也是最理想的社会。这样的社会理想，的确也为后来许多具有避世倾向的人所憧憬。例如，东晋时期陶渊明在其《桃花源记》里就描写了一个世外桃源。在那里，“土地平旷，屋舍俨然，有良田美池桑竹之属。阡陌交通，鸡犬相闻。其中往来种作，男女衣着，悉如外人。黄发垂髫，并怡然自乐”。遗憾的是，道家所描绘的这种自然化的理想社会，并不能够轻易实现。陶渊明所描绘的桃花源，也只是停留在人们的美好想象之中。

（三）儒道互补：“社会性”与“个体性”的补益

在中国封建社会的前叶，由于儒家思想上升为了占主导地位的官方主流意识形态，成为社会文化的主干，而道家思想则主要在民间和在野士人中获得发展空间。在这样的文化大背景下，儒道互补可以说主要是以道补儒，道家思想主要发挥着对儒家思想的补充、调节、纠正和补救的作用。

首先，儒家对人类文明和社会进步持乐观态度，以“修身、齐家、治国、平天下”为人生理想，主张尽可能多地为国家和社会做贡献。不难看出，儒家为中国人设计的是一个进取型的人生理想。然而，儒家对人类为文明所必须付出的代价和社会进步的曲折性估计不足，对人类在不断进取的过程中可能造成的问题以及对人性本身的扭曲与伤害缺乏思想准备或不予重视，因而也就没能提出解决这些问题的方法。在这方面，以老庄为代表的道家人物倒是独具慧眼，他们很早就观察到了这些我们今天称为“异化”的现象，对此予以了高度的重视，并且提出了自然主义的原则，力图用回归自然的方法来避免、克服和矫治之。

其次，儒家注重社会伦理，表现出强烈的群体意识，强调个人应当全身心地投入社会事业，而对人的个体性或个体生命的处境却缺乏应有的关注。换言之，儒家式的人生价值必须置于社会群体中才可以实现，人生只有投身社会事业才有意义。儒家式的人生，其精神生活虽然丰富，但却没有留下多少真正属于自己的空间。对于中华民族，儒家所注重和培养的这种群体意识无疑是极为重要的。然而，我们同时也不得不承认，儒家重群体轻个体，在人的个性、独立意志、个体意识方面留下了许多空白。而在这些方面，道家思想恰好可以填补儒家遗漏的精神空间。

总的来说，尽管儒、道思想体系对于理想社会的具体描绘各有不同，但是大多包含可以互通的共同要素，即没有战争、天下和平、人际关系和睦、分配平等、公正公平、没有严重的贫富不均、社会和谐、生活安定、环境美好、没有烦恼困苦、人人都有基本的生活保障等等。这些理想并非空洞的幻想，而是古代中国人对于社会所抱的诉求和期望，也是古代中国人所构想的理想社会。这样的期望不管在什么社会和什么时代都是合理的，因而具有普遍的价值；而且，它们作为传统的观念植根于中华民族的心理当中，至今还对人们的社会诉求与社会评价产生影响。

目前，中国政府和人民正在为构建和谐社会、实现中华民族伟大复兴的中国梦而努力，而中国梦的目标可以从中国传统的社会理想中得到借鉴。改革开放以来，一方面，中国的经济建设取得了巨大的成就，国家实力和人民生活水平得到显著的提高；另一方面，各种不和谐的因素也明显存在，例如资源的过度开发及浪费、环境破坏、官僚腐败、分配不公等。凡此种种，人与自然之间以及人与人之间的不和谐有可能威胁到整个社会的安全与稳定。因此，为实现中国梦，应当充分利用传统的思想资源。中国古代人关于理想社会的许多构想，对于我们调整人与人、人与自然的关系以及人的行为方式，仍然有着重要的启示意义。

第三节　中国人的信仰体系

中国人信仰什么呢？从文化的发源体系和立足体系看，中国传统文化中包含了一种以“尊天地”特别是“尊天”为对象的根本信仰。“天”“天道”被看作宇宙自然力量和社会人伦秩序的最终依据和最高化身，人世的一切都要问究于天、听命于天。“天意”“天命”“天理”，甚至“天兆”“天谴”等等，是中国人感到敬畏的对象，也是中国社会从上层到下层都颇有同感的对象。其实，在中国的日常语言中，“人命关天”意味着生命的尊贵来自天，做人要讲“天理良心”，做亏心事要顾忌“天网恢恢”，当皇帝要“奉天承运”，起义造反也是“替天行道”……总之，“天”是中国人共同认可的、无所不在的、无所不能的最终依据和最高主宰。

中国人这种以“天”为对象的根本信仰体系，内在地蕴含着“天人合一”的境界追求。所谓“天人合一”，对于传统的中国人而言，是与天地合德、与日月合明、与四时合序。这种归化于自然的“天人合一”观念，蕴含着中国人所笃信的朴素的和合观念——自然与人类是亲缘而和谐的，对待自然当如对待孕育了自己生命的祖先一样。从珍惜生命的价值到崇敬直接赋予其生命的父母、祖先，再扩大至崇拜养育天地万物的自然，由此，在中国人的信仰体系中便形成了一种自然崇拜和祖先崇拜的生存信仰。

（一）中国人的拜物信仰：自然崇拜

在中国人的精神生活里，自然扮演着双重角色，既恩惠于他们的衣食住行，又对他们的生命形成严峻的挑战，从而迫使他们思考自己与自然的关系，如人从哪里来、周遭的世界是怎么回事、人怎样与自然相处、人的最终归属、活着的意义等问题。对这些问题的探索也逐渐形成了中国人早期的信仰体系——自然崇拜。自然崇拜是生活于自然界中的人类，尤其是科学技术不发达的早期人类，面对变化莫测、难以捉摸的自然现象所产生的一种早期宗教，它与图腾崇拜、祖先崇拜一样，成为人类早期的精神支柱，并且帮助人类走向文明时代。

自然崇拜的对象是被神化的自然现象、自然力和自然物，如被神化的天、地、日、月、星、雷、雨、山、石、水、火等。自然崇拜的起源，可以追溯到旧石器时代。人们较早崇拜的是那些对本地区的社会生产和社会生活影响最大、最具危害性的自然现象或自然力，然后才是对其他自然现象的崇拜。自然崇拜的目的一方面反映了人们对自然现象或自然力的不理解和难驾驭，另一方面是祈求自然神保佑风调雨顺、五谷丰登。比如对太阳的神化和崇拜便是一例。众所周知，太阳与人们的生活密切相关，尤其是农业和畜牧业的产生，使太阳对人们的意义显得更加重大。太阳能使作物长势良好，获得丰收，也能将作物晒死，颗粒无收。于是，太阳在人们心目中的地位开始上升。在最初的时候，人类不理解太阳的奥秘，只能视太阳为“神”并加以崇拜，其目的无非是祈求太阳顺乎民意，以获得丰收。可以说，太阳崇拜是较早产生的自然崇拜之一，太阳崇拜的产生也标志着自然崇拜的正式形成。

但随着生产力水平不断提高，人们对自然有了更加深入的了解，宗教狂热情绪减弱，理性因素加强。于是，崇拜的对象便由对超自然力量的盲目依赖转变为更加注重人的作用，这也是中国古代自然崇拜的变化趋势。然而，对于中国人来说，在惠及生命的自然界里，天地或自然是造就一切生命的根本源泉，犹如人类的父母给予人类生命一样，所以也是人类对自然界诸物崇拜之最高者和至尊者。中国传统宗教中的“敬天祭祖”的行为就是要表达感谢自己生命的最大恩惠者之意。从根本上说，中国文化中“敬天祭祖”的思想表达的是对自然界的崇拜和敬畏。中国人从珍惜生命的价值到崇敬直接赋予其生命的父母、祖先，再扩大至崇拜养育天地万物的自然，在他们的信仰体系中逐渐形成了持久的“天人关系”。“天”所体现的价值是博爱、普遍原则和“绝对命令”，“人”所体现的价值是呈现“天”的博爱、普遍原则和“绝对命令”。因此，在“天”之外，再要塑造一个“人格神”的上帝是很难立于中国人的信仰里的，因为中国人已经把自然界的最高代表“天”视为上帝了。这一点，恐怕也是中国人的信仰体系与西方人的信仰体系最为明显的差异。

总之，中国人没有把自然界生生不息的造化奇迹归功于一个假想的超自然者，因而他们对自然所有的崇拜和敬畏都是充满世俗情感的。对于中国人来说，他们或者从观察大自然中得到伦理启示，或者将人间的伦理价值诉诸大自然，以寻求最后的权威认同。可以说，中国人信仰体系里没有来自“上帝”启示的最高权威，但是有来自大自然启示的最高伦理准则。因此，中国人的信仰背后所彰显的民族精神可以用《周易》中“天行健，君子以自强不息”“地势坤，君子以厚德载物”这两句话来概括。

（二）中国人的家族信仰：祖先崇拜

五千年中华文明不仅源远流长，而且也是世界文明体系中唯一没有中断的文明。中华文明能源源不断地传承下来，是由中华民族的共同信仰决定的。从生存的延续性角度看，中华民族共同信仰的首先是祖先，祖先是中华民族的权威，祖先也是中华民族血脉的终极。由远到近、由大到小、由里到外层层递进，形成了一个同心圆形状的祖先崇拜体系，也形成了带有民族象征符号的“龙的传人”。就是在祖先崇拜中，中国人找到了自己的归宿，中华民族找到了自己的凝聚力。

中国原初的祖先崇拜主要记载在先秦古籍《山海经》中。此外，《庄子》《国语》《左传》《楚辞》《吕氏春秋》《礼记》《孟子》等文献也有相应的记载，其中的主线是追溯历史上的夏商周三代的人文始祖。在中国的传说中，“三皇五帝”这些多元的、抽象的“神”最终都演变为中华始祖——炎黄[2]。对炎黄的崇拜深深地根植于中华大地这块黄土地上，这不仅仅是情感的纽带，也是与大地的天然联系，其生长于农业社会的幅员辽阔的黄土地之上。在这块土壤上，祖先崇拜的原始情怀不但不会夭折，反而由于炎黄子孙的繁荣不断得到强化和普及。

总之，在祖先崇拜的信仰之中，炎黄子孙的地域社群得到了整合，个人的灵魂也有了归宿。当心灵在温暖的家园中得到安慰时，中国人心灵的家园便得到巩固了。从这种由祖先到家园的演化中，落叶归根成了炎黄子孙的生命夙愿，相依相守成为中国人的生存愿望。可以说，上到帝王诸侯官吏，下到普通黎民百姓，中华民族都有追溯自己祖先的心愿。不难想象，这种上下追溯的终极点始终都在炎黄祖先身上。在祖先崇拜的信仰中，中华民族锻造了个人生存的因果链条。这是一条不朽的因果锁链，无论是古代的外来铁骑与弯刀、近代的坚船利炮，还是现当代的“西风美雨”都无法割断、击溃和侵蚀这条不朽的精神文明之链。

（三）中国人的思想信仰：儒、释、道渗入日常生活

在中国历史上曾经出现过许多学说，共同构成了中华民族辉煌灿烂的思想成果，其中影响最大的就是儒、释、道三家，它们在中国历史上被称为“三教”。在儒、释、道三家中，儒家和道家是中国本土固有的文化，而佛教则属于外来文化。佛教能够与儒、道二家形成鼎立局面，一方面是无数佛教僧侣以其坚忍不拔的传道弘道誓愿努力奋斗的结果，另一方面也是由于佛学说固有的内容对现实社会和人生中的一些问题给出了自己独特的解答。以儒、释、道三家为主体，杂以林林总总的各种学说和思想派别，博大精深的中国传统文化书写了中

华民族五千年的文明史，其浓厚的文化气息也铸造了中国人独特的日常心理和生活行为方式。可以说，中国人的生活信仰拥有浓厚的儒、释、道的思想基因，处处表达和彰显着浓厚的儒、释、道思想的价值底蕴，换言之，对儒、释、道的生活体验构成了中国人的生活信仰体系。

1. 儒家信仰对中国人的影响："天命观"及"祭天祀祖"与"孝道"

首先，需要提到的是儒家的"天命观"。我们前面提到，儒家理想人格的终极目的在于"内圣外王"。从孔子的"吾日三省吾身"到孟子的"反身而诚，乐莫大焉"，所信奉的都是一条通过"反省于内求，以上达天道"的道路。他们认为，人只要通过内心修养，不断地提升自己的精神境界，就能体认天命，完成心灵的自我超越，最终成为君子或圣人。在儒家看来，从天子以至于庶人，每一个人都应当讲究修身。这种修身理论流传至今，仍然是中国的知识阶层和有识之士在道德生活实践上的主要方式和基本准则。通过修身，人们期望体认自身更高的存在，实现人生的意义和价值，即"顺天命，行大道"。

然而，在生活中劳碌终日的普通中国人对天命却另有一番理解。他们的"天命观"更偏重于将天看作有意志的"人格神"，即"畏命"；更偏重于将"命"看作无法摆脱的外在命运，即"信命"；更偏重于将人为看作违逆于命运之安排，即"认命"。尽管这是儒家"天命观"的一种民间流变形式，但它却影响了大多数的民众，从而塑造了普通的中国人对天的强烈依赖和对命的自然关切。因此，对天命的笃信和预测，就成为中国人心理生活的重要内容，这导致了他们对天的敬畏和对命的慨叹。所以，对于传统的中国人来说，出现天神崇拜和算命占卜的行为也就不足为奇了。

其次，是"祭天祀祖"与"孝道"。儒家的代表人物孔子虽然主张"敬鬼神而远之"，但却主张祭祖，而且要求必须虔诚地祭祖。儒家还认为，万物本乎天，人本乎祖，人之存在，不能自外于天地，不能自外于祖先。所以，人不但要祭天，还要祭祖。如前文所述，祖先崇拜是中国人最重要的崇拜形式。当然，儒家并不只是规定了对祖先的祭拜礼仪，还包含了一套对父母和长辈的对待方式，这就是“孝道”。“孝道”以生命为基础，认为子女的生命来自父母并和父母的生命结为一体。因此，子女的生活从整体上要以父母为榜样和目标。在父母子女之间，存在着一个“孝道”的链条。该链条要求，在人的一生中，行善即孝，作恶为不孝。孝可举，不孝则难以立。可以说，中国人对长辈的尊敬、惧怕和以长者为中心的程度远远超过了世界上多数其他的民族。中国传统道德教育的出发点也在于使晚辈孝敬父母。可以认为，敬老尊长是中国传统文化一个明显的特征。那么，对于传统的中国人，子代对长亲尽孝的途径是什么呢？一个存在于多数中国人心目中的答案就是：子代要努力求学，进修学识，然后做官，替国家做一番事业，同时使自己名声远播。在取得官爵的基础上，扬名显亲、荣耀门庭，是为恪尽“孝道”。

当这种生活信仰在中国的普通民众中扎根之时，他们便获得了独特的领悟与践行方式。对于传统的中国人而言，上至官宦下至平民都继承了“祭天祀祖”的仪式。因此，在曾经的中国的土地上，祠堂随处可见，牌位林林总总，祭祀丧葬礼仪也极其丰富。在日常生活中，传统中国人的“孝道”也蕴含着近乎宗教情结的敬天和顺天。总的来说，“孝道”为中国人规定了一整套行为模式与生活目标，中国人做事以家族为重，以长亲为重，自我价值的实现也是以恪尽“孝道”、满足家族利益为前提。这便是在日常生活中至今仍旧存在的一种已渗入骨髓的生存信仰。尽管时光变幻、社会变迁，这种存在于中国人心中的生存信仰却仍难以消除。

2. 佛教信仰对中国人的影响：自度自救意识

在唐代，佛教一面以哲学、一面以宗教的形式进入了中国。它的哲学性质适应于学者，它的宗教性质则适应于民间，从而成为输入中国人头脑并构成中国人信仰之一部分的观念体系。尽管佛教和佛教信仰属于来自异国他乡的思想体系，但其对中国人之影响可谓深远。除了思想价值体系外，佛教的影响也涉及语言、饮食、绘画和雕塑，甚至更深刻地引导了中国人的心灵生活。佛教教义认为，人间是一个苦难的世界，人生不仅有生、老、病、死之苦，也有七情六欲之苦。究其原因，“苦”乃是源自身、口、意三方面的业障和烦恼。要想消灭苦因，断绝苦果，就必须精勤修习佛道，脱离六道轮回，从而达到涅槃成佛的境界。佛教有很强的自我克制倾向，对种种恶德和贪欲做了努力压制。佛教的教理认为，一个人只有对罪孽有深刻认识，不为欲望所动时，才能在今生取得幸福，在他生取得永久解脱。因此，佛教徒在其修习中也践行着以自度为特征的宗教行为，主张更多地依靠自己在行为上的苦修，而不是靠神的恩赐来达到信仰之目的。

然而，“脱离六道轮回”与“达到涅槃成佛的境界”大大超过了中国普通民众在精神和意识上的承受能力。在世俗生活中，人们往往感到痛苦的是不能实现生命永恒的愿望。在科学世界中，达到永生是不可能的。因此，死亡的威胁就像悬在头上的一把利剑，求生的渴望越是炽烈，死亡的威胁所造成的心灵痛苦也就越是强烈。鉴于死亡降临的痛苦最终无法避免，因此解脱之路只有一条，就是断绝一切欲望和追求，包括生存的欲望，达到的境界就被称为涅槃。不难看出，佛教的此种教理虽富有哲理性，但对于传统意识偏向于现实与理性的中国人来说，实在有些令人失望。所以，中国人当中的修佛者，大多数不是为了脱离六道轮回，达到涅槃的境界，而是期待来世可以有个好去处，实现所谓“善有善报，恶有恶报”的因果轮回。

3. 道教信仰对中国人的影响：多神崇拜意识

道家学说是中国的本土学说，它一方面以其浓厚的哲学色彩丰富了中国的本土文化，另一方面又以道教的形式影响着中国人的信仰生活。在道家那里，“道”既无形又无名，它是万物之根源[3]。一个人修道就必须超越万物万有，领会永恒之道。在道家学说的基础上，出现了道教这一教派。道教是在汉朝末年兴起的中国本土宗教，它以道家学说和道家思想为核心，杂糅了阴阳五行、方士之学和民间传说。

道教信仰的核心是“道”，认为“道”是天地万物的本源，“道”可通过修炼获得，众生皆可修道成仙，长生不死。可见，道教是在中国人生存意识基础上建立起来的一种特殊宗教。

按照道教的逻辑，生命能无限延长的人，必定在生命的其他方面有特殊的表现，最为常见的就是要积善以成仙。仙者可入神，神即长生有形的人。于是，在道教词典中，“神仙”就合为一词了。道教以追求人的自然生命的延长，即以长生为主要旨趣，以法术为贯彻信仰意志的手段。在道教的义理中，为长生服务的法术首推炼丹术，其主要是为了实现人的“长生不老”。在炼丹以求长生的过程中，人作为受强烈情感支配的对象，需要获得平和的心理保障，以免走火入魔，误入歧途。这样，通过行法术求“符咒”就势在必行了。在道教中，“符咒”的作用在于驱除人们心头的魔障，以确保人的身心健康和生命力的长期发挥。所以，在中国农村，当一个人死后，有的人会请道士举行超度仪式，作符咒诵念，以驱除恶鬼邪灵对死者和生者可能存在的危害，这就证明道教“符咒”的心理保障功能在传统的中国人那里，实在是有着长久而广泛的市场。

总而言之，在数千年的中华文明史中，儒、释、道作为一种思想信仰，不仅深刻而且切实地影响到了中国社会中不同阶层的人们，而且逐渐成为他们生存信仰的一部分。但是，就总体而言，在儒、释、道信仰体系中，最能融入也最贴近中国人生活真实的还是儒家思想。因此，长期以来，传统的中国人一直都把家族看作个体生活的中心。儒家文化所规范的正是一种基于家庭的伦理，并将这种家庭伦理推广到了社会生活和政治体系中，为中国人的生存信仰抹上了最为浓重的底色。

第四节 中国人信仰体系的现代发展

自近代以来，中国社会发生了翻天覆地的变化，不仅实现了民族独立与国家富强，人们的生活水平也得到了极大改善。在精神面貌上，人们的独立精神和自主意识也不断增强，理性、科学和民主意识等得到了加强，人们不再像以前那样盲信和盲从。但是，中国向现代化转型的进程也面临着诸多挑战和困难，出现了前所未有的危机：其一是道德和信仰的价值危机，其二是社会政治的秩序危机。对此，自近代以来，虽也有人做过尝试性的回应与解答，但至今未能真正解决，危机仍在不同时期以不同的面貌呈现出来，困扰着21世纪的中国人。

（一）“五四”时期先进中国人的进步信仰：从“科学”和“民主”到马克思主义

自近代以来，由于受到西方思想的冲击，中国社会政治秩序和信仰体系发生了深刻危机。自汉以来形成的根深蒂固的儒家传统思想和中国传统文化的道德、社会秩序在遭遇“三千年未有之大变局”时逐渐坍塌和解体了。中国的传统文化道德秩序与社会秩序是高度整合于政治秩序之内的，随着政治秩序的崩溃，传统文化道德秩序与社会秩序也随之解体。这一时期被学者称为中国近代史的“转型时代”，即从传统的儒家意识形态范式向现代性范式转变的时代。

为拯救中国社会秩序和信仰危机，“五四”时期先进的中国人举起了“科学”和“民主”两面旗帜。“科学”和“民主”作为一种信仰，发轫于西方世界。其中，“科学”代表了形式逻辑，而“民主”代表了平民主义。这两面旗帜在中国传统思想文化中的积淀都不够丰厚，甚至有所缺失。因此，伴随着西方文明文化与中华文明文化的碰撞，“科学”与“民主”这两种原先在西方思想体系中盛行的话语便被移植到中国的情境中来了。“五四”时期的启蒙者们坚信，科学可为现代人提供一种确定不变的意义世界，成为一种最可靠的人生观。把科学作为重要的资源和具有超越性力量来信服，反映出中国人对社会信仰秩序和个体生存意义的强烈诉求。但与此同时，把科学当作崇信的对象反而不利于进行真正科学的建设。因为作为一种认知工具的科学，其在根本上无法真正解决价值层面的信仰危机。片面地、执意地强调单向度的科学，甚至为科学而科学的做法，又会加剧中国现代社会的人文价值危机和生存意义危机。

“五四”时期提出的“民主”口号，是这一时期对社会秩序和政治变革的普遍呼声。它虽然由知识分子提出，但实际上已经获得了相对普遍的社会基础。其中的原因是，自 20 世纪之交的社会动荡开始，封建皇权及其统治的基础已经逐渐瓦解，民主共和的理念伴随着资产阶级民主主义者们的倡导而深入人心了。革命先驱们希冀以“民主”的蓝图重建社会秩序，普通的中国人也在“民主”的呼声中逐渐适应了“皇天不在”的生存状况，并开始对新生的民主共和国抱有理解和同情。然而，随着资产阶级启蒙思想家们的论证与分化，他们对“民主”的理解也存在诸多分歧，尤其是遭到了守旧的封建思想的卫道士们的攻击。这样一来，20 世纪之交的中国人在思想信仰上就陷入了一种迷茫和困惑：是跟从潮流，仰慕西学和西方的价值观，还是退回到本土，守护封建的东方价值观？在东西方文化论争中，中国人的信仰危机日趋严重。值得提到的是，当时以胡适、陈序经为代表的“西化派”主要持自由主义的观点，他们推崇西方的个性解放与生存自由，主张个性独立和人格至上，甚至认为需要照搬西方的思想价值体系，跟随西方人的信仰。这种主张当然就遭到了以章太炎、刘师培等为代表的守旧派的强烈抵制，他们历数西方思想的问题和缺陷，痛斥西化和革新主张。毫无疑问，他们的这种做法，实际上是在竭力捍卫传统中国延续了上千年而又遭遇新挑战的价值体系和信仰体系。

为此，在一个既定时代中，人们到底该选择何种信仰，应当要看这种信仰是否符合社会发展的需要。文化的冲撞以及各种各样社会思潮频发，使得近代中国选择马克思主义和共产主义成为必然。因此，一旦时机成熟、理论传入之后，马克思主义就成了中国先进知识分子的不二选择，而当马克思主义与中国实际有机结合起来并彻底满足人民群众的利益诉求时，人民群众又被唤醒并提供了热烈的道义支撑。这样，在中国共产党人首先找到并确立自己的政治信仰后，他们用实事求是的态度分析了中国的社会问题，找到了解决中国问题的法门，并将其政治信仰转化为社会信仰体系中最能发挥作用的价值对象，赢得了人民群众的拥护、支持和赞赏，也以社会信仰的力量征服了社会的大多数。借此，共产党人关于民族独立、人民民主、统一和平的理想，迅速转变为可以操作的，并能解决根本问题的社会动员力量。也就是说，中国人最终构建了一种以马克思主义的革命理想为信仰核心的民族国家建设运动。在当时的社会历史条件下，马克思主义和共产主义的信仰的出现，更新了共产党人的信仰世界。这证明，马克思主义在中国扎根并成为中国先进人士的信仰，是历史发展的自然选择和必然结果，其中的原因在于马克思主义促使中国人的社会理想变成了现实，而它所支撑的社会主义也从空想变成了科学。

（二）从新中国成立到“文化大革命”时期的政治信仰：马克思主义与个人崇拜

新中国的诞生一方面让一个具有强大马克思主义信仰的社会主义国家在世界民族之林中崭露头角并逐步站立起来，另一方面也使马克思主义和共产主义的信仰获得了国家形式的支撑和保障。一种新的信仰、新的文化和道德模式生成了，传统中国人的信仰体系增加了新的内容，这在整个人类的信仰演进历史中都是一个令人瞩目的大事件。毋庸置疑，对马克思主义的信仰和对共产主义的信仰，始终是共产党人的最高信仰，但由于它的出现彻底改变了中国人的命运，改变了亿万人民群众的生存状况，因此它也在中国人的政治生活中获得了比较广泛的价值认同。虽然马克思主义在中国并没有天然的理论源头，但是它的价值内涵却与中国思想文化有很多一致之处，它的终极关怀也切合了中国人的生存信仰和生活目的。另外，在改变中国社会现实和实践进程中成长起来的马克思主义，在传播上是没有明显的强制性的。它的深入人心和日渐扎根，乃是中国人实践选择的结果，是通过真实的社会生产、阶级斗争和革命实践过程而发展起来的。新中国成立以后，马克思主义从共产党人的政治信仰转变为广大人民群众的政治信仰，甚至成为改变中国人精神面貌的社会信仰。可以说，马克思主义是站在了人类信仰的高地上，经受住了考验和挑战，实现了与中国的革命发展、制度建设、人民解放等根本诉求的统一。在马克思主义和共产主义信仰的强大感召下，中国人的信仰世界得到了重构，取得了空前的协调一致。中国人朝气蓬勃地投身到波澜壮阔的社会主义建设中，激情高涨，万众一心。中国人的信仰和制度、权力、理想密切结合，实现了道德模范、精神楷模和先进理论的高度统一与有机结合。当然，万事万物的发展都有一个限度。当个人把自己的人生和命运完全寄托于既定主义和理论之上时，就容易出现对该主义和理论的过分迷信，以至于形成了变相的偶像崇拜，这就为“文化大革命”时期的信仰危机埋下了隐患。

在“文化大革命”中，过度的政治崇拜孕育了炽烈的革命激情，对共产主义的信仰演变成了轰轰烈烈的革命式的生产运动。但是，一旦“肥皂泡”被吹破，人们就会陷入迷茫和困惑，原有的信仰体系就会受到剧烈的冲击。在“文化大革命”时期，中国人的信仰体系陷入了困境，个人、社会与国家之间的关系在一定程度上出现了混乱，对科学真理的思想信仰和对民族国家的政治信仰也在此时出现了转折和裂缝。

（三）改革开放以来的社会信仰：信仰物化与离散危机

1978年的改革开放，使得中国社会逐步走向了崭新的时代。人民群众思想的解放、对教条主义迷信的破除，都意味着人们在信仰层面有了自由选择和自主判断的权利。伴随着对内搞活和对外开放步伐的加快，当代中国人的信仰呈现出了多元化、多样化的发展态势。也正因为如此，一次看似简单的思想解放运动实质上就意味着一个时代信仰的重建或重新选择。思想的解放，使得人们的信仰从固有的时代氛围中解脱出来。原有的信仰坍塌了，新的信仰尚未建立起来，时代给予中国人的是一个价值重估和理想与信仰重构的全新图景。众所周知，伴随着中国进入一个以经济发展为中心的历史阶段，社会矛盾发生了真实的转变：由此前的阶级矛盾转变成为人民群众日益增长的物质文化需要同落后的社会生产之间的矛盾。在这个阶段，解决社会生产力问题极其重要，经济发展成为压倒一切的首要问题。在这样的情势下，中国人的理想与信仰就不得不发生新的转变了。从其存在的状态上看，当原有信仰出现解体，新的理想与信仰尚未建立之时，受时代主题和时代精神的牵引，信仰物化和信仰离散的困境就成为不可回避的问题了。

随着改革开放的深入、经济发展的提速以及社会主义市场经济体制的确立，中国社会出现了新的气象和新的变化。改革开放既是一种前所未有的经济革命，也对人的生存与发展产生了深远的影响。但是，毋庸讳言，市场经济对人的深刻影响是双重的。从积极的方面来看，市场经济使中国人的思想观念和生存方式发生了变革，使科学、理性、平等、自由、民主和法治等现代观念深入人心，使开拓进取、敢于创新以及独立自主等现代精神被广大的中国人所接纳。从消极方面来看，市场经济对人们的精神生活也造成了不良影响。利己主义、功利主义成为影响人们思想观念和行为方式的价值体系，对于不少人来说，所有的人际关系都纳入强调自我利益、自我优先权的模式。与此同时，市场经济所带来的经济繁荣，又使人们不断陷入对物质的极度需求和感官享乐中。这样一来，人很容易被置于物的主宰和奴役之中，被异化和物化成为个人所面临的直接现实性，经济人和功利人成为人们无奈的选择。可以说，现代消费主义泛滥和奢侈的物质生活方式，并不能化解部分中国人生命中发生的信仰危机。

综上所述，我们可以将中国现代化进程中出现信仰困境的根源归

结如下：一是受西方现代性的冲击，中国社会的传统道德和信仰被激进的文化决定论者所否定。二是新中国成立后，出现了频繁的文化批判运动，这无助于中国社会主义新文化的扎根，其中影响至深至远的就是“文化大革命”。“文化大革命”所引发的思想批判运动，冲击了中国传统的伦理道德，对社会主义伦理道德也造成了恶劣影响，甚至把中国文化的部分基本准则也摧毁了。三是改革开放之后，经济发展压倒了文化建设和精神文明建设，人们的精神需要和信仰需要被忽略。经济发展带来了生活便利和物质丰裕，使人们的理性、自主性、人的价值和尊严都得到了提升，但也激励了经济人的逐利本性。当谋利成了人们最基本的行为出发点时，价值和信仰无疑就会普遍地被物化和世俗化。

（四）当今中国的政治信仰：马克思主义信仰的重塑

随着中国现代社会的发展与文明程度的日益提高，现代中国人对自身精神家园，即信仰的渴望和需求越发凸显。面对现代性的各种弊端、困境以及多元价值的冲突，塑造和坚定科学的信仰就成为中国人共同关注的问题，当然也是一个颇有难度的重大命题。对于现代中国人而言，信仰体系的重塑关系到中华民族伟大复兴的中国梦的实现，关系到中国的前途和命运，是当代中国社会发展必不可少的基础性工程。重塑和构建马克思主义的信仰不仅是发展马克思主义的内在要求，也是塑造党员领导干部政治信仰、理论信仰乃至全社会价值灵魂的要求，是当今世界现代化的进程所引发的经济、政治、文化以及意识形态方面的剧烈震荡和深刻嬗变的必然要求。要重塑马克思主义信仰，进一步巩固马克思主义在全党乃至全社会的指导地位，就应当考虑到如下两个方面：

首先，重塑马克思主义信仰要求我们不能教条式地对待马克思主义。赋予马克思主义信仰各种思想信仰和社会信仰之统帅的地位，是不以人的主观情感的好恶为转移的，是基于中国革命和社会建设的特定历史和客观现实的必然选择。实际上，对于共产党人而言，越是在马克思主义的思想信仰、理论信仰和政治信仰受到挑战的危急时刻，就越需要对马克思主义有清晰的认识，绝不能采取简单生硬的办法，采取教条主义的态度，采取僵化封闭的思路。巩固信仰需要采取信仰养成的特定办法，而不应当把马克思主义极端化、虚幻化和僵死化。马克思主义的信仰是一种科学的信仰，它是作为普遍适用的科学真理而存在的，我们绝不能把它当成宗教信条，这样非但无益于马克思主义信仰的发展和繁荣，反而会把马克思主义信仰带入歧路。实践证明，任何绝对化的理论和要求，最终都会陷入危机而导致谬误不断。马克思主义信仰也具有时代性的特点，也需要不断地发展和充实，把马克思主义和马克思主义信仰绝对化和教条化，这本身就是违背马克思主义辩证法的做法。坚持马克思主义信仰的核心，在于不断地运用马克思主义去解决社会发展中的问题，按照马克思主义的原则实现社会的、政治的、经济的、文化的发展，实现人类社会的自由和平等、公平和正义，任何僵化马克思主义的做法不仅不是在恪守马克思主义，反而会偏离马克思主义信仰的核心原则。

其次，重塑对马克思主义的信仰应当实现其与中国人的传统信仰的结合。在内容和形式上，中国人现有的信仰都会受到传统思想文化和价值体系的影响。从思想学说所代表的价值体系和信仰体系看，中国传统文化中的儒、释、道三家互为印证、互有裨益、互相补充。一个人出世有释道精神的自我保护，入世有儒家思想的支撑，这使得他的生存既具有鲜明的生命践履性，也具有突出的内在超越性。但是，中国传统文化的生存症结在于如何保障或促进实现民众主体在政治经济层面的自立与自主，以及如何在自立自主基础上实现民族精神的内在转型和及时更新。传统文化体系的价值欠缺正需要马克思主义价值体系的补充，需要通过马克思主义所提供的方法论予以补足。由此，对于传统思想文化和价值体系而言，重塑马克思主义信仰，一方面要求我们对传统思想中的糟粕加以清理，另一方面也需要我们对中国传统文化的优秀底蕴加以发扬。概言之，确

立马克思主义信仰和中国优秀传统文化信仰之间的内在关联性，建构二者相结合、相匹配的新信仰体系，使两者在人们的精神自觉中实现统一。

第五节　中国人理想与信仰的特质

"理想人格"的构建，表现出中国人对于自身人格完善和道德完美的不懈追求。"理想社会"的提出，彰显了中国人对自身以及社会的终极关怀。中国人的现实生活也处处表达和彰显着浓厚的信仰。那么，中国人的理想与信仰有何特质呢？

（一）在理想人格的构建上，具有攻守兼备、进退从容的特质

"穷则独善其身，达则兼善天下"是中华民族典型的人格特质，以它为主的理想人格成为几千年来各阶层人士生活的楷模。但是，典型的中国文化本是各据其理、自成体系的，儒家崇尚"仁""礼"，实行的是"内圣外王"的"大同"理想；道家则崇尚自然，宣扬虚静无为、超脱俗世；佛家则要求人们清心寡欲，随缘而安，与世无争。在儒、道、佛的融合所形成的结构完整、层次分明的人格体系中，三家各自扮演着自己的角色，履行着自己的职责，从而使中国人在任何时候，任何情况下，都能够圆润自如、充盈自足，不至于产生倾斜、发生崩溃。中国人的这一人格体系大致可以分为两层：表层是以儒家理论为核心的部分。儒家理想人格——圣人，其典型特征是讲究仁、义、礼，它要求个体融于群体之中。个体在群体中完成自己人生理想的过程，也正是其走向理想人格的过程。这种人生理想的表现就是要刚健有为，以天下为己任。这种把人格力量投射到社会理想上的特点，正是儒家人格在整个人格体系表层的表现，它使天下有志之士都怀有一种责任感、使命感和担当意识，积极地投身政治、报效社会、济世救民、匡扶天下。

但是，人毕竟是生活在现实社会中的，整个社会也是变动不居的。人生有失意的时候，人的社会理想也必然会有遭到失败的时候。此时，就需要一种力量使人们在失意之时维持自我平衡与实施自我保护，使人格保持完整健全。如果没有精神寄托，人们是难以忍受生活的变迁和动荡的。于是，道家和佛家就扮演了另外一种角色。它们在人格体系中处于潜层位置，成为中国人人格平衡的依赖，也填补着人们精神的空虚和空白，这就从另一角度对中国人人格的建构起到了扶助、支持和维系的作用，从而使最终形成的人格具有攻守兼备、进退从容的特质。这一理想人格深深地镶嵌在数千年来中国人的精神发展中，形成一种进则儒、退则道、隐则佛，得意时建功立业、失意时亦能独善其身的进退从容、宠辱不惊的人格。

（二）在理想人格的实践上，彰显世俗性与超越性相统一的特性

理想不同于现实。它总是具有某种超越性和彼岸性，带有一定程度的未来设想。然而，中国人的理想人格的设计却并非空中楼阁，而是巧妙地把理想的虚幻性转化为一种实实在在的世俗行为。它告诉我们，理想人格的实现不需要割断与日常生活的纽带。恰恰相反，它需要仰仗这种生活，需要在尘世的空气中臻于生命的最高境界。理想人格必须出自现实，来自现实，但又在现实中超越，在现实中升华。

首先，是中国人理想人格的世俗性。在最高的理想人格与凡俗之间划出一个世俗性的中间地带，它一头承载着理想，一头牵系着世俗。它既有理想的高远，又有世俗的平易。普通人要成圣成佛，就必须经过这种中间性的人格。按照儒家的说法，在普通人与圣人之间的，是君子。比起圣人，君子更具现实的亲和力，更易为普通人所接受和效仿，即“君子义以为质，礼以行之，孙以出之，信以成之”。与此类似，道家在理想人格与现实之间也设计了一个中间地带，它突出体现为道教的仙人世界。其中，以“八仙”为代表的“地仙”贯通了仙界与凡俗。至于佛教，则在众生与佛之间提出了

"罗汉菩萨"人格，即"上求菩提，下化众生"。"罗汉菩萨"既是佛的人格化身，又能济度众生，博施于人，奖善惩恶，满足人的现实愿望。

其次，是中国人理想人格的超越性。世俗性使得中国传统理想人格的塑造不再像西方基督文化那样，祈求外在于人的神的力量，而是直接依赖于世俗生活，在世俗生活中成圣成佛。因此，普通人的个人生活和社会生活不再是一片苍白和庸俗，而是处处充满了生机和活力，蕴藏着成就理想人格的契机。儒家参与社会，讲究立功立德立言。在这里，儒家积极入世的情怀自不必说。道、佛两家虽否定现实，以超世或出世为旨归，但它们还是以自己的方式在一定程度上肯定世俗生活，肯定人的欲望。尤其是按照世俗伦常，人们会把道佛作为迈向彼岸世界的一环，这便是以入世的精神来做到超世。道家向道教发展的一个重要变化，就是充分肯定人的感性欲望和现实需求，并在仙人世界中给予满足和实现。例如，长生之术可以满足人的健康不死之念，而"仁爱慈孝、恭奉尊长、敬承二亲"正是成仙的必要条件。佛教的不离世俗，在禅宗中表现得更为显著。生活中的砍柴挑水、吃饭睡觉都是修行之道。所谓世间法即佛法，佛法即世间法。这样，神秘而抽象的理想人格经中间人格的过渡、日常世俗的熏陶，带着人间味和世俗气为中国人所接纳、所认同。

（三）在理想社会的构建上，儒家社会理想具有鲜明的层次性和阶段性特征

中国人一直追求一种整体和谐的社会状态和天下秩序，都怀有"大一统"的政治诉求。但在怎样处理社会的利益冲突、化解社会的矛盾以达至这种和谐状态，实现天下"大一统"的秩序上，诸子百家提出了各具特色的解决方案。由于儒家社会理想是政治的衡量器、政治批判的标尺，规定了政治的责任与根本目标，在论证政权的合法性、实现社会的长治久安上有着其他诸家社会理想所不具备的优势。因此，在诸家社会理想的竞争之中，儒家社会理想能够更多地满足大

多数人的需要，为更多人所认同和接受。

在前文中，我们已经指出，《礼记·礼运》所描述的“小康”“大同”的美好蓝图是儒家社会理想的两个不同层次[4]。中国人认为，以“天下为家”为主要社会特征的“小康”社会是离现实社会更近，通过努力能够首先达到的低层次的社会理想目标，而以“天下为公”为特征的“大同”社会则是更高层次的社会理想目标。“大同”理想的实现须建立在“小康”社会的基础之上。与此同时，中国人对未来的社会充满了信心，有着美好的憧憬和设想，在他们看来，“大同”理想和“天下平”之世总能实现。更可贵的是，他们又都能理性地认识到社会的发展不是一蹴而就的，需要一个阶段性的发展过程，并提出了由“小康”而至“大同”的过程。可见，儒家社会理想目标的层次性和其实现的阶段性特征，使其更符合历史发展的现状，更具有现实的生命力和指向未来的社会理想实现的现实可能性。

（四）在中国人的理想与信仰体系中，“天人合一”为精神的最高特质

从中国人信仰的境界来看，中国人重视和追求崇高的精神境界和理想人格，把“天人合一”作为最高的精神的境界和特质，作为人生的最高道德境界。“天人合一”是中国古人对宇宙和人生及其关系的一种认识，是人与自然和谐统一的整体观念。如前文所述，在中国人的精神生活里，“自然”扮演着双重角色：既恩惠于他们的衣食住行，又对他们的生命形成严峻的挑战，迫使他们思考自己与自然的关系。儒家以格物、致知、诚意、正心、修身、齐家、治国、平天下的积极主动精神[5]，体现人“赞天地之化育，与天地参”的自然整体化的和谐思想；道家则追求天地合一的神人境界并参与宇宙和谐统一的过程。其实，无论是儒家还是道家，都对自然有一种敬畏感，而“敬天祭祖”“人法地，地法天，天法道，道法自然”都是这种敬畏感的体现[6]。

天地是自然界的根本，“天人合一”把人提到了自然界之根本的高度，使人伦具有了天意的权威。人不仅要对生养万物的大自然（天地）抱有敬畏之心，而且要对自然界的精华（人）报有敬畏之心。究其原因，就在于在自然界的万物中，“莫精于气，莫富于地，莫神于天。天地之精所以生万物者，莫贵于人”[7]。而在“人”之中，能够像自然天地一样养育我们的当然是自己的祖先。所以，中国人信仰中的“敬天祭祖”的思想从根本上表达的是对自然界的崇拜和敬畏，他们不仅期望大自然、祖先养育他们，而且希望大自然、祖先保佑他们。

由此可见，中国人没有把自然界生生不息的造化奇迹归功于一个假想的超自然者。在中国人的信仰体系里，没有来自上帝启示的最高权威，但是有来自大自然启示的最高伦理准则。因此，中国人认为自己和万物一样都是自然界的一部分，生老病死、喜怒哀乐都有其自然之理或者天理。心安理得地按这样的天理生活，就能实现“人间天国”，这亦是中国人的信仰区别于西方宗教信仰的原因所在。正是这种关于“天”的信仰和理解方式，决定了在中国既没有一个唯一至上的“天”的代表形象（偶像），也没有一套关于“天”的唯一、完整、严密的说法（教义），因此也未形成一个与世俗社会组织不同的专门组织形式（教会、教主），不曾给信奉者制定一套不同于世俗样式的特殊规则、规范、仪式乃至服饰（教规、教仪、教服）等等。

（五）中国人儒、释、道信仰体系具有鲜明的实用主义特色

将儒、释、道信仰的内容向人本化、世俗化转化，并为我所用，是中国人信仰体系中极具实用主义色彩的一面。例如，“顿悟成佛”的禅宗之兴起，就是将宗教思想的内容人本化、世俗化的一个典型。禅宗讲究“快速成佛”“顿悟成佛”，大大地简化了“由凡转佛”的过程。这一禅义也很容易为大众所接受。由于在中国人的精神世界中并无严格的宗教体系，因此在民间传统中，人们常常是给各路神仙分配一定的角色，然后“按需拜求”。鲁迅曾经描述说，要读书做官就拜

孔子，要求子嗣就拜观音（“送子娘娘”），想发财就拜财神，有时连阎王、小鬼都拜。总之，在实用主义的原则之下，中国人供奉并信仰某种对象的目的，大都在于功利地“求”，而不一定是虔诚地“信”[8]。

在这种“为我所用”的信仰方式下，没有一成不变的绝对话语，就给持有信仰的中国人留出了一定的自主体验和自由选择的空间，从而使这里实际进行着的往往是天理与人欲之间的博弈。中国人的儒、释、道信仰体系带有浓厚的人的主体性色彩，实际上体现了“对外部的信仰”向“对人自身的信仰”的一定程度的回归。“平日不烧香，急时抱佛脚”这句话就很形象地概括了中国儒、释、道信仰体系中实用主义态度的特征。

（六）中国人的理想与信仰总体呈现追求“真善美”和“重义轻利”的特点

总的来说，中国人理想与信仰的精粹在于它所崇尚的仁爱、贵德、重义、自强、诚信等品格，以及它所倡导的真、善、美的思想境界。这些精粹充分表现了人性中共同的、崇高的特质，它在中国人身上具有历史的永续性，也表现了中国人对人生价值追求的普遍一致性。其中，作为民族精神的一个核心组成部分的儒家理想人格理论的精华，经过历史的淘洗和选择，已经为国人所接纳。它世代绵延，源远流长，具有强大的生命力，成为一种人格自身成长和发展的内在动力。几千年来，它培育和塑造了像岳飞、文天祥、郑成功、林则徐等一大批为祖国、为人民、为真理而忘我奋斗的仁人志士。他们以自己的品格、风范、气节，呈现着中华民族对理想人格的追求，也代表了中国人理想人格的高峰。

与此同时，中国人也深受儒家思想中“重义轻利”的影响。儒家义利之辨归根结底体现为一种“义以为上”的精神追求，也即以德行为人之根本。当道义与利益、德行精神与感性欲求发生冲突时，志士仁人理当超越利益的纠结与感性的欲求而致力于对道义与德行的追求，并在其中得到精神的满足与心灵的自由。由此，超越物欲与私利的诱惑，不断提升自己的精神境界，成就以德行精神为依归的理想人格，就成为中国人理想与信仰的一个重要特质。

注释

[1] 梁漱溟. 东西文化及其哲学. 北京：商务印书馆，2009：143.
[2] 冯天瑜. 中华元典精神. 上海：上海人民出版社，1994：53-70.
[3] 冯友兰. 中国哲学简史. 北京：北京大学出版社，2010：93-94.
[4] 杨天宇. 礼记译注. 上海：上海古籍出版社，2007：265-266.
[5] 朱熹. 四书章句集注. 北京：中华书局，1983：3.
[6] 陈鼓应. 老子注译及评介. 北京：中华书局，1984：163.
[7] 董仲舒. 春秋繁露. 北京：中华书局，1975：439.
[8] 鲁迅. 鲁迅全集：第6卷. 北京：人民文学出版社，1981：131.

第三章

当代中国人理想与信仰的状况

3 当代中国人理想与信仰的状况

1978 年实行的改革开放，是中国共产党在新的历史条件下带领全国各族人民进行的新的伟大革命，使中国发生了翻天覆地的变化。随着改革开放的不断推进，中国在社会经济成分、组织方式、就业方式、利益关系和分配方式等方面日趋多样化，而且人们的思维方式和思想观念也发生了很大的变化。作为人们思维方式和思想观念的重要组成部分，当代中国人的理想与信仰状况和改革开放的深度发展关系密切，值得关注和研究。

第一节 中国人理想与信仰状况的新动向和新特点

理想和信仰是人类发展的内在动力，激励着人们向既定人生目标不断前行，并在追求和奋斗中创造美好生活。五千年源远流长的中华文明，使得中国人形成了自身独特的理想与信仰体系。但是，作为一种社会意识而存在的理想与信仰并非是僵化的、一成不变的，伴随着人们实践活动的发展及其引发的社会变革，中国人的理想与信仰逐渐呈现出一些新动向和新特点。

（一）理想与信仰的多元化和复杂化

多元化指的是理想与信仰具有多种思想基础，复杂化则意味着理想与信仰更多样，更难以把握。恩格斯说过：“每一个时代的理论思维，包括我们这个时代的理论思维，都是一种历史的产物，它在不同的时代具有完全不同的形式，同时具有完全不同的内容。”[1] 理想与信仰是时代的产物，每一时代都有其特定的占主导地位的理想与信仰。毋庸置疑，马克思主义理想与信仰是当代共产党人甚至是中国人最重要的理想与信仰。但是，与传统社会相比，当代中国人的理想与信仰的多元化和复杂化尤其明显。改革开放以后，当代西方社会思潮的大量涌入、中国传统文化的弘扬复兴、马克思主义理论的广泛传播，都为理想与信仰的多元化和复杂化提供了生长空间，使得当今人们的理想与信仰呈现出一种复杂多样的形态。

当代西方社会思潮的大量涌入。社会思潮作为主流大众意识的汇聚，是特定的社会发展及历史进程在人们思想观念上的客观呈现。当代西方社会思潮主要是指 20 世纪以来在西方出现并产生广泛影响的各种思想观念，包括自由主义、保守主义、人本主义、社群主义、行为主义、实用主义、实证主义、批判主义等等。当代西方社会思潮的大量涌入带来了中西文化的交汇和思想界的空前解放，也给人们的思想观念尤其是理想与信仰带来了巨大的冲击。以人本主义为例，它是一种与科学主义相互制约、并驾齐驱的社会思潮，主要关注人的存在、人的价值、人的自由选择、人的主体性等主题，对西方社会人文社会科学的发展产生了极其重大而深刻的影响。就中国而言，人本主义以其独特的人文关怀引起广大中国人的关注，使得人们在确立自己的理想与信仰时更加关注人的尊严和促进人的自我生成，更加兼顾个人理想与信仰和社会理想与信仰的有机结合，这无疑是中国社会不断进步的重要体现。但是，人本主义的个人主义取向在促进主体意识觉醒和人性解放的同时，也带来了欲望的涌动、个性的张扬和唯我主义的泛滥，从而使得以个人利益为旨趣的理想与信仰大行其道，这无疑不利于中国特色社会主义事业的健康发展。

中国传统文化的弘扬复兴。弘扬中国优秀传统文化，建设中国特色社会主义先进文化，已成为当今社会的共识。可历史不曾忘记，在 20 世纪相当长的一段时间里，我们曾一度对传统文化口诛笔伐。从“五四”时期的“打倒孔家店”到“文化大革命”时期的“扫四旧”，再到改革开放初期对传统文化的大加挞伐，这些致使中国传统文化遭到了毁灭性的打击。然而，正是一而再，再而三地批判传统文化，引发了人们对文化问题的理性反思。人们在越来越清醒地认识到否定中国传统文化思维定式的危害性的同时，也逐渐体会到中国传统文化的合理因素和重要价值。于是“国学热”悄然兴起，弘扬中国优秀传统文化再次成为中国人的精神追求。就理想与信仰而言，祖先崇拜依然风行，儒、释、道三者交融杂糅后的中国传统实用信仰体系再次进入大众的视野并成为一部分人的自觉选择，这些都是中国传统文化复兴的体现和结果。以祖先崇拜为例，它是人类最初的信仰形态之一。中华民族自古以来就有“慎终追远”“报本反始”的优良传统，这种传统与祖先崇拜有很深的内在联系。历史发展到了近代，1840 年鸦片战争的爆发和西学在中国的加速传播，使中国人对祖先的崇拜受到了空前严重的打击，祖先崇拜的观念一度陷入低潮。随着社会主义现代化建设事业的推进，弘扬复兴中国优秀传统文化日益成为中华民族的内在要求。作为中国传统文化基本构成的祖先崇拜，也以其巨大的民族凝聚力引起了当代中国人的再次关注，成为中国人理想与信仰的重要选项。

马克思主义理论的广泛传播。1848 年 2 月，以《共产党宣言》的问世为标志，马克思和恩格斯初步创立了马克思主义。在马克思主义创立直到现在的 170 年的时间里，它先后经历了数次的冲击和考验，通过在全世界范围内的传播获得越来越多国家和民族的认同。马克思主义在中国的传播，始于 1917 年俄国十月革命的胜利。当时中国的先进分子正在苦苦探寻着中华民族的出路，十月革命的胜利则为中国送来了马克思主义，成为引领近代中国走出黑暗的一道曙光。在把马克思主义和中国具体实际相结合的过程中，中国共产党人始终非常重视对马克思主义理论的传播，力图通过各种方式使民众真正了解并接受马克思主义。在新民主主义革命时期，艾思奇的《大众哲学》堪称马克思主义广泛、有效传播的典型案例。在 20 世纪 30 年代，艾思奇撰写了《大众哲学》一书，深入浅出地阐明了马克思主义哲学的基本观点。这是一本普通群众读起来不费气力就能理解和接受的书，在大众中产生了广泛而持久的影响。蒋介石曾哀叹说，一本《大众哲学》冲垮了“三民主义”的防线，人心丧失乃败于艾思奇先生之《大众哲学》。新中国成立后，特别是改革开放以后，马克思主义作为党和国家的指导思想更是得到了大规模的传播，其中，各种正式的和非正式的教育宣传为马克思主义的广泛传播提供了重要途径。2007年，为迎接党的十七大而录制的大型电视政论片《复兴之路》在中央电视台播出，它运用现代数字科技生动活泼地梳理和呈现了中国近现代社会发展的历史，推动了当代中国马克思主义的大众化，并引起了强烈的社会反响。在马克思主义大众化的过程中，马克思主义理想与信仰作为一种新形态的信仰，不断冲击着当代中国人的内心世界，成为当代中国人理想与信仰的重要构成部分。

（二）理想与信仰的冲突性和矛盾性

这一特征是与当代中国人理想与信仰的多元化和复杂化相联系的。冲突性和矛盾性指的是人们自身内部以及人们之间理想与信仰的失衡状态。理想与信仰的多元化和复杂化，必将导致理想与信仰的弱化，给人们带来心理和行为上的无所依归，从而使人们的理想与信仰呈现出强烈的冲突和矛盾。迄今为止，如果从大历史的视角看，中华民族理想与信仰的历史可以概括为先秦以前的原始理想与信仰时期，先秦至五四运动时期的儒、释、道三者交融杂糅的实用理想与信仰时期，五四运动至今的马克思主义理想与信仰时期。这三个时期中国人的理想与信仰状况，向我们展示了理想与信仰的多元化和复杂化是和理想与信仰的冲突性和矛盾性相伴相生的。尤其是在张扬个性、突出个人主体性的今天，人们在理想与信仰上的冲突性和矛盾性显得尤为明显。

人们自身内部理想与信仰的冲突性和矛盾性。从传统到现代化的转型，特别是市场经济的确立使中国人的自我意识不断增强。人们逐渐确立起自身是自主存在物的观念，使在几千年封建社会中累积起来的稳固而单一的理想与信仰受到强烈冲击，衍生出各种各样带有个人主义色彩的理想与信仰。个人主义理想与信仰固然有其进步合理之处，但也造成个体与群体关系的日益疏离，人们的归属感不断弱化，在精神上忍受着无家可归的痛苦，逐渐出现寻找社会主导理想与信仰的心理诉求。但是，由于历史和人们本身的局限性，民众的自我意识并没有发展到非常完善的程度，人们在面对各种理想与信仰的冲突时，不能从更高的层面上进行超越并使之达到统一，从而出现认知层面和行动层面的理想与信仰危机，表现出“跟着感觉走”的盲目性。人们自身内部理想与信仰的冲突性和矛盾性，既不利于社会朝着健康和谐的方向发展，也不利于自身朝着自由自觉的全面发展的人的方向发展。

人们之间理想与信仰的冲突性和矛盾性。狄更斯在《双城记》中写道：“那是最好的时代，那是最坏的时代；那是智慧的时代，那是愚昧的时代；那是信仰忠诚的年月，那是怀疑盛行的年月。”[2]这段用来描述18世纪英国和法国状况的文字，如果放在21世纪的今天，仍然有其适用性。就当代中国人的理想与信仰而言，这个时代有崇高的科学的理想与信仰，也有庸俗的非科学的理想与信仰；有理性的是非分明的理想与信仰，也有非理性的是非模糊的理想与信仰。改革开放后，随着社会竞争的加剧，有些人缺乏应对社会竞争的能力，在面对挫折和失败时不是积极地寻求解决问题的正确办法，而是转而寻求“神灵”的庇护。由此，一度销声匿迹的迷信思想又开始死灰复燃。信仰有科学信仰和非科学信仰之分，科学信仰能变成人们前进的巨大推动力量，而非科学信仰则往往把人引入歧途。迷信是非科学的信仰，是对科学信仰的严重背离，是对外界异己力量的盲目崇拜，是人类信仰领域的一大误区。

（三）理想与信仰的现实化和世俗化

理想与信仰的现实化，指的是人们逐渐放弃和淡化崇高的理想与信仰，世俗化则意味着理想与信仰的内容偏重世俗标准。理想与信仰的现实化和世俗化是密切相关的，现实化是世俗化的前提，而世俗化则是现实化的必然结果。当代中国人理想与信仰的现实化和世俗化，既有其历史传统，也有其现实根据。就中国的历史而言，中国是一个勤勉务实且具有实用精神的国家，中国人也讲求务实，讲求实事求是。就人们在社会生活中的主流意识而言，关心政治以及官本位的思想在很长一段时间内占据着社会意识的重要地位；就中国的现实而言，随着社会主义市场经济的确立，等价交换深刻地影响着人们的思想和行为，追求物质利益最大化成为某些人的奋斗目标，并呈现出不断向外扩展的趋势。

从理想与信仰的产生来看，其主要和人在面对现实时的无能为力有关，是人对自身现实能力的一种内生的怀疑和疑虑。出于疑窦，人们便会借助信仰来超越自身的有限，弥补面对现实时的缺陷和不足。虽然人们的理想与信仰只有具有现实的基础才具有可行性和可信性，但如果理想与信仰仅仅局限于现实而不注重对现实的超越，那显然也不构成有效的理想与信仰，甚至会和理想与信仰的初衷背道而驰。在讨论当代中国人理想与信仰的现实化时，我们不得不提及中国人在长期的封建社会中形成的实用主义的信仰体系。哲学家贺麟在《文化与人生》一书中对实用信仰做出了说明。他指出："实用的信仰是为生活的方便、行为的必须、事业的成功而权且建立的信仰。这种信仰无宗教或道德的信仰之深逸远大，无传统信仰之历史背景和社会力量。但若无此种实用的，亦即实际的、实用的信仰，则会陷于畏首畏尾、一无所可的窘状，生活不能进行，行为不能产生，事业不会成功。日常生活、实业、政治、军事上种种信仰，大都属于此类。譬如存款在银行，相信银行可靠，吃饭相信饭菜中无毒，乘汽车或飞机相信不遇险，每做一事，相信此事于己有良好的后果……诸如此类的信仰，一方面是出于理智的计算，一方面亦基于经验的积累。但因未来事变之不易预测，故只能权且如此信仰，以观后效，有时亦可做意外之准备，以防不虞。"[3]贺麟先生的讨论，精辟地阐明了中国人理想与信仰中的实用主义倾向，也指出了实用信仰的表现。需要指出的是，理想与信仰的现实化与实用信仰两者是有差别的。在我们看来，理想与信仰的现实化着重指人们在确立理想与信仰时偏重低层次的物质和精神满足，而作为理想与信仰类型之一的实用信仰则注重现实性和超越性的有机统一。

第二节　中国人理想与信仰的现实表现

与历史和传统相比，当代中国人的理想与信仰都发生了很大的变化。理想与信仰是一个非常庞杂的体系，它存在于人们的头脑中，是人们对于未来的一种意识和把握。理想与信仰紧紧地和人们的思想结合在一起，渗透在人们的言语、思想、行为和生存活动中，集中体现了人们的世界观、人生观和价值观。由于理想与信仰渗透到了人生的方方面面，所以我们很难把理想与信仰的全部表现形式一一罗列出来。有鉴于此，我们分别以理想与信仰的类型为线索，对中国人理想与信仰的现实表现做一个大致的分析。

（一）中国人理想的现实表现

社会政治理想。社会政治理想是人们对社会政治的终极走向和奋斗目标的设计和追求，集中体现了人类所独有的对政治结构体系和政治行为世界的超前建构和主动创造。在中国历史上，有过各种各样、形形色色的社会政治理想。中国儒家主张建构以“天下为公”为核心的“大同”社会，人们之间平等博爱，社会秩序井然；老子奉行“小国寡民”的理念，崇尚无为而治；陶渊明以梦幻的形式建构世外桃源，描绘了一个安宁和乐的栖身之所；太平天国喊出“均贫富”的口号，使平均主义的理念广泛传播；康有为提出“大同”，力图探索救国救民之真理。在新民主主义革命时期，毛泽东等无产阶级革命家坚持以马克思主义为指导，提出“自由、繁荣、文明”的社会政治模式，建立了新中国。然而，在建设新中国的过程中，由于我们机械地理解并不切实际地对待了马克思和恩格斯所描绘的共产主义，试图通过狂热的“人民公社化”“大跃进”等运动“跑步进入共产主义”，造成了严重的社会危机。改革开放之后，我们确立了解放思想、实事求是的思想路线，纠正了对共产主义的极左误解。在继承以往历史经验的基础上，党的十六大第一次将“社会更加和谐”作为全面建设小康社会的重要奋斗目标。党的十六届六中全会更加深刻地阐明了社会主义和谐社会的性质和定位，明确了构建社会主义和谐社会的指导思想和目标任务。党的十七大和十八大在反复强调建设社会主义和谐社会重要性的基础上，将社会建设纳入建设中国特色社会主义的总布局。在学习贯彻党的十八大精神过程中，习近平总书记向全党全国人民发出了为实现中国梦而奋斗的伟大号召。中国梦是民族的梦，力图实现中华民族的伟大复兴；中国梦是国家的梦，崇尚中国的繁荣富强；中国梦是人民的梦，同每一个中国人的理想息息相关，以人民的幸福为依归。中国梦集中体现了当代中国人的社会政治理想，表达了人们对于美好社会状态的强烈愿望，从而具有强大的凝聚力和向心力。

道德理想。道德理想寄托着人们在道德方面的向往和追求，是人们道德观念的集中体现，也是维护人伦关系和社会统治秩序的有力工具。在中国两千多年的封建社会中，儒学以“君君、臣臣、父父、子子”为基本原则，努力构建了一个君臣有序、尊卑有序、上下有序、长幼有序的道德理想王国，形成了一个超稳定的道德秩序结构。可以说，中国传统社会非常看重个人及全社会的道德理想，并且依靠道德理想巩固了封建统治。在新民主主义革命和社会主义革命时期，我们在批判吸收中国传统封建道德理想的基础上，建立了崇高的共产主义理想，规范和引导了人们的社会行为，塑造了良好的社会道德风尚。但是，随着极左思潮导致的社会主义道德理想片面化，社会成员的道德理想出现了一定程度的扭曲。改革开放之后，随着计划经济向市场经济的转变，在以追求利益最大化为目标的市场经济的冲击下，“毫不利己，专门利人”“革命战士是块砖，哪里需要往哪里搬”“甘当革命的螺丝钉”等道德理想受到了严峻的挑战。在这个日益多元化的时代，自由选择性和价值层次性是中国人道德理想系统的最大特征，不同层次的人具有选择不同行为方式的自由和权利，这就为规范和建构良性有序的道德王国提出了难题。2014 年 11 月，一篇题为《杭州图

书馆向流浪汉开放　拾荒者借阅前自觉洗手》的新闻，将一位 76 岁的“拾荒老人”韦思浩推进公众视野，人们都为这个老人喜爱读书的态度所感动。但更让人震撼的是，2015 年这位老人因意外去世后，公众得知了他生平的助学故事：他在每个月有 5 000 多元工资的情况下仍然坚持捡垃圾，丝毫不在意物质生活，数十年如一日地把省下的钱捐给寒门学子。这位老人用自己的行动生动地诠释了什么是高尚的道德理想，他在赢得尊敬的同时也感动了整个中国。与这位老人形成鲜明对比的是，有些人运用各种非法手段牟取暴利。三聚氰胺奶粉、瘦肉精、地沟油等食品安全事件屡禁不止，没有钢筋的大桥、被风吹掉的阳台等豆腐渣工程也是时有发生。因此，我们在进行社会主义道德建设，塑造崇高道德理想时，应该对不同层次的人制定不同的要求，从而实现道德理想先进性与道德要求广泛性的有机统一。

职业理想。职业理想是指人们对未来所从事职业的基本构想，它引导着人们为实现美好的未来而拼搏奋斗。职业生活是人类社会生活中最普遍、最基本的活动方式。崇高的职业理想能使人更加深刻地体会人生的内涵，从而对社会做出应有的贡献。青年马克思在谈到职业理想时说道：“如果我们选择了最能为人类而工作的职业，那么，重担就不能把我们压倒，因为这是为大家做出的牺牲；那时我们所享受的就不是可怜的、有限的、自私的乐趣，我们的幸福将属于千百万人，我们的事业将悄然无声地存在下去，但是它会永远发挥作用，而面对我们的骨灰，高尚的人们将洒下热泪。”[4] 马克思当年所描述的这种崇高的职业理想曾经激励着一代又一代人投身于解放民族国家的事业，致力于建设美好家园的事业。在崇高职业理想的指引下，无数人甘心付出，无私奉献，服从国家和社会发展的需要，为社会主义建设事业添砖加瓦。20 世纪 50 年代，为了保卫国家安全和维护世界和平，以毛泽东同志为核心的党的第一代中央领导集体做出了独立自主研制“两弹一星”的战略决策。在当时国家经济、技术基础薄弱和工作条件十分艰苦的情况下，一大批优秀的科技工作者默默无闻、自力更生，用较少的投入和较短的时间，突破了原子弹、导弹和人造地球卫星等尖端技术，取得了举世瞩目的成就。他们在为国家和民族创造价值的过程中实现了自己高尚的职业理想，永远让后人铭记和怀念。改革开放以后，随着社会分工的发展，职业的种类越来越多，职业理想的种类和内涵也在不断拓展。以电子竞技行业为例，随着今天电子竞技比赛的职业化，中国电子竞技行业 2015 年的产值已超过 500 亿元。在数年前，专职电子竞技会被许多人认为是不务正业，而现在，成为电子竞技冠军已成为不少年轻人的职业理想。在这个职业越来越多元化的时代，人们的职业理想总体上以国家和民族需要为主导，但也不断呈现出一些具有时代色彩和个性特色的特征，使得职业理想在职业多元化中不断丰富。

生活理想。生活理想是人们对未来的物质、精神、文化方面消费性生活的向往和追求，与人们的日常生活密切相关。在传统社会的日常生活中，中国人非常重视生活的质量，善于讲求生活的艺术。例如，《红楼梦》是中国的四大名著之一，里面有大量描述日常生活的段落，以非常生动而又典型的方式表现了中国人的生活理想。改革开放之后，随着社会主义市场经济的不断发展，中国人的生活理想发生了很大的改变，物质诉求不断提升，趋利意识日渐明显。首先，就物质方面来说，传统的中国人在物质生活上容易满足，而今却有部分中国人以高消费为荣，大肆挥霍、一掷千金的情况时有发生。传统的中国人以节俭为荣，而今虽然中国的储蓄率仍然是世界最高的，但是不考虑自身的经济承受能力，盲目追求超前消费的情况也比较普遍。这一方面说明了中国物质文明建设取得了较大的成就，另一方面也反映了人们的物质生活理想出现了一定程度的变异。其次，就精神方面来说，与传统中国人非常重视精神生活一脉相承的是，当代中国人的精神生活总体上是积极向上的、健康和谐的，但也存在着一些问题，如情感生活贫乏、精神交往减少、比较普遍的社会焦虑等等。在传统的熟人社会中，以血缘关系和地缘关系为基础，人们之间的交往比较紧密，彼此之间的感情也比较浓厚。然而，当今中国正处于大转型时期，安土重迁的思想在逐步改变，城乡二元差距使部分人生出

“回不去的地方是故乡”的感慨，都市的钢筋水泥也使人与人的感情日益疏离化。最后，就文化方面来说，与传统中国人丰富多彩的文化生活相比，当代中国人在改革开放初期曾呈现出文化活动贫乏的情况。但随着改革开放的深入，政府逐渐增大对公共文化事业和文化产业的投入，开展了各种各样形式活泼的文化活动，这使人们的文化生活得到了极大程度的丰富。在这种情况下，人们的文化生活理想开始逐步走上理性化和规范化的道路，呈现出健康发展的态势。

（二）中国人信仰的现实表现

政治信仰。政治信仰是指特定社会和国家的人们在对某种社会政治体系及其理论学说认同、信服和敬仰的基础上，进而将其奉为自己言行准则并身体力行的精神体系[5]。政治信仰隶属于政治文化，是意识形态的主导成分之一，在信仰体系中居于核心地位。在中国传统社会中，人们的政治信仰呈现出具有矛盾色彩的两重性：一方面，由于生产力的低下，人与人之间必须结成群体关系，从而形成了个体对社会群体的崇拜和敬畏，具体到个体的政治信仰就是对国家的顶礼膜拜；另一方面，由于封建社会高度集权，统治者对人们的剥削非常之重，人们在面对社会政治中不平等、不公平的现象时，极易形成消灭剥削和压迫的政治信仰。这一点，从历代农民起义的口号中就可以非常直观地感受到。因此，旨在调节人与社会关系的政治信仰，对人们的行为具有巨大的引导和支配作用，构成人类向历史纵深处延伸和向未来极限处扩展的精神支柱。

个体政治信仰是否具有科学性和坚定性，关系到国家的前途和民族的命运。20 世纪 80 年代末 90 年代初发生的苏东剧变是社会主义运动史上的重大事件，其中广大群众的政治信仰危机是苏东剧变的深层次原因。就当今中国而言，人们的政治信仰状况总体上是比较好的，不光是党员领导干部，社会大众中的绝大部分人也都赞同中国共产党的政治信仰，他们甚至也把马克思主义、毛泽东思想和中国特色社会主义理论体系作为自己的政治信仰。但与此同时，在党内也有部分人存在着一定程度的政治信仰危机：共产主义理想淡化，对建设中国特色社会主义的前景缺乏信心；政治主体意识淡漠，缺乏政治热情，政治参与被动；在西方多元政治信仰体系面前缺少鉴别力，过分崇拜西方的政治理念。这些政治信仰危机的出现，既有外部的因素（例如，国际共产主义运动处于低潮、资本主义国家对我国长期实施“和平演变”战略），也有内部的因素（例如，中国政治文化传统中的政治参与不足、市场经济带来的重物质轻精神倾向）。因此，直面当下人们的政治信仰危机，在新的文明水平上使人们拥有科学的政治信仰，将会是中国特色社会主义政治文明建设的重中之重。

宗教信仰。作为人类信仰体系中比较系统、成熟且普遍的形态，宗教信仰以“神”的观念为核心，是在对“神”的崇拜认同基础上产生的坚定不移的信念以及全身心的皈依。严格来讲，尽管宗教与宗教信仰是不同的，但正确认识宗教是理解宗教信仰的前提。恩格斯在《反杜林论》中，曾对宗教做了一个非常清晰的说明。他认为：“一切宗教都不过是支配着人们日常生活的外部力量在人们头脑中的幻想的反映，在这种反映中，人间的力量采取了超人间的力量的形式。”[6] 宗教是人类社会特有的历史现象，也是当今人类社会的普遍现象，其对人类的社会生活和精神生活产生并将持续产生巨大影响。在中国几千年的发展历程中，存在佛教、道教、基督教、伊斯兰教、民间教理等各种来源和各种层次的宗教，有些人认为中国是一个没有宗教信仰的国家。针对这种说法，学者冯良方提出了不同的观点。他认为，中国人具有一种十分普遍的宗教信仰——中国宗法性传统宗教。他说：“中国宗法性传统宗教是以祖先崇拜和天神崇拜为核心，以社稷、日月、山川等自然崇拜为羽翼，以其他多神崇拜为补充的典型的多神教。有较为稳定的郊社制度、宗庙制度以及其他祭祀制度，是巩固社会和家族的凝聚力，是慰藉中国人心灵的精神源泉。”[7] 中国宗法性传统宗教的提出，为我们认识传统中国的宗教信仰提供了一个新的视角。新中国成立后，中国共产党以宪法的形式确立了宗教信仰自由的政策，并且在实践中形成了一套完整的宗教管理的政策体系。从总体来说，当代中国人的宗教信仰呈现出健康发展态势，受到官方承认的五大宗教——佛教、道教、天主教、基督教和伊斯兰教都有一定规模的信众。佛教的平等慈悲、道教的清静和谐、基督教的泛爱众生、天主教的博爱宽容和伊斯兰教的平等向善等信念，也都体现了信众对于崇高精神境界的追求。但不可忽视的是，近年来宗教信仰领域也呈现出邪教势力滋生、封建迷信复辟等消极有害的趋势。在尊重和保护宗教信仰自由的前提下，积极引导宗教信仰与中国特色社会主义事业同步健康发展，是促进社会和谐稳定的重要举措。

哲学信仰。哲学信仰以人自身为核心，以对思想、真理或主义的尊奉和践行为特征，以按照人性的或科学的原则对自然、社会、人生进行理想的规划与实施为主要内容[8]。哲学既是一种世界观，也是一种方法论。在中华民族几千年的发展过程中，形成了独具特色、博大精深、内容极为丰富的中国传统哲学。中国传统哲学的派别众多，儒学、道学、佛学是其中具有代表性的三个派别。自印度佛教在两汉之际传入中国后，便与儒学、道学开启了三者相互冲突和相互融合的复杂关系。宋明之后，三者日益融合，逐渐形成了以儒学为主、以佛道为辅的道统，这成为中国传统哲学的核心。这种哲学体现在传统中国人的信仰层面，即以儒学信仰为核心，儒、释、道三家融合。儒学信仰是中国传统哲学信仰的主导形式，“它以一种具有客观性的‘道’而不是鬼神作为整个世界产生和发展的根本力量，积极关注人的现实生活问题，重视伦理道德生活，以‘仁’的理念为核心，倡导仁政、德治，崇尚中庸，追求君子、圣人的品格，积极追求人的自由境界，是出世与入世的统一”[9]。儒学信仰发端于春秋战国时期，随着西汉汉武帝推行“罢黜百家，独尊儒术”而成为一种普遍的哲学信仰。1840 年鸦片战争以来，伴随着工业文明对农业文明的巨大冲击，中国人在经历了一系列救国图存运动的失败后，深刻地认识到儒家思想的局限性，儒家信仰遂出现了颠覆性的危机。“十月革命一声炮响，给我们送来了马克思列宁主义。”在李大钊、陈独秀等人的积极有效传播下，作为一种科学的世界观和方法论，马克思主义日益受到中国人民的认可并逐渐成为中华民族的主导哲学信仰。改革开放以后，随着中国特色社会主义事业的不断发展，中西方不断增多的文化交流深刻影响着中国人的精神世界。儒学信仰的复兴和西方理性信仰的传播，使得人们的哲学信仰呈现出前所未有的复杂化和多元化，但毋庸置疑的是，马克思主义信仰与中国人传统的思想信仰体系有诸多暗合之处，在世界观、方法论和价值观上又有较大程度的统一，因此它们始终占据着中国人哲学信仰的主流。在新的历史条件下，我们必须始终坚持马克思主义信仰的主导地位，积极弘扬儒学信仰的精华，借鉴吸收西方理性信仰的合理因素，从而使中国人的精神世界朝着积极健康的方向发展。

民间信仰。在《辞海》中，民间信仰被解释为“民间流行的对某种精神观念、某种有形物体信奉敬仰的心理和行为。包括民间普遍的俗信以及一般的迷信。它不像宗教信仰有明确的传人、严格的教义、严密的组织等，也不像宗教信仰更多地强调自我修行，它的思想基础主要是万物有灵论，故信奉的对象较为庞杂，所体现的主要是唯心主义，但也含有唯物主义和科学的成分，特别是民间流行的天地日月等自然信仰”[10]。在万物有灵基础上产生的自然崇拜、图腾崇拜、神灵崇拜等，是民间信仰主要的崇拜形式。以自然崇拜中的太阳崇拜为例，当早期人类为了生存而与大自然抗争时，阳光给人以温暖和生息，太阳被人格化为“日神”，从而成为人们崇拜的对象。太阳崇拜在远古时期的中国非常普遍，不仅大量古籍文献如《淮南子》《山海经》《楚辞》《国语》等都有关于太阳神话的记载，而且在黄河流域和长江流域等地的考古发现和出土文物也证明了这一点。历史发展到今天，人类的生产能力和水平有了很大提高，但太阳崇拜作为一种风俗在今天的中国依然可见。例如，我国河北一些地方有农历二月初一“中和节”祭太阳、吃“太阳糕”的习俗。山东宁津一带则认为农历六月十九是太阳的生日，节日前夕，各村寺庙锣鼓喧天，妇女们诵经拜佛通宵达旦，直到太阳出山[11]。在中国两千多年的封建社会中，作为一种非官方的信仰，民间信仰一直游走在信仰体系的边缘。封建统治者利用民间信仰使其统治更具合法性的同时，对民间信仰进行了打压。近代以来，随着西方科学和文化知识的不断传入，中国传统民间信仰受到了很大的冲击。新中国成立后，传统的民间信仰一度被简单化为封建迷信而加以否定，而“文化大革命”时期传统民间信仰更是遭受了毁灭性打击。改革开放以后，制度化宗教信仰获得的自由发展的空间，为民众提供心理和精神支撑的民间信仰也得到了恢复和发展。当前，我国民间信仰在延续传统民间信仰信众庞大、结构复杂、力量分散等特征的基础上，也呈现出破除封建迷信、组织形式规范和尊重人的价值等具有强烈时代精神的特点。民间信仰具有悠久的历史渊源和深厚的民众基础，是中国传统文化的重要组成部分，具有增强国家民族凝聚力、道德教化、行为约束等功能。对民间信仰进行“取其精华，去其糟粕”的继承和发展，正确引导其与社会主义和谐社会形成良性互动，是当前民间信仰建设的应有之义。

第三节　认清中国人理想与信仰现状的重要性

随着改革开放的深入，中国进入了社会转型时期，主流文化不断得到彰显和强调，各种外来文化思潮大量涌入，本土非主流文化开始激活，文化领域呈现出前所未有的大繁荣、大发展的局面。文化领域的繁荣发展在拓宽人们选择范围的同时，也加大了选择难度，从而给人们造成了无所适从的感觉。在理想与信仰层面，就呈现为理想与信仰的多元化、复杂化、矛盾化和世俗化等特征。认清中国人理想与信仰的现状，可以让我们更好地了解自我、社会和国家，从而砥砺前行，为追求个人的完满、社会的发展、民族的伟大复兴而奋斗。

（一）有利于人们形成崇高的理想与信仰，提高人生境界

前文提到，1980 年 5 月，《中国青年》杂志刊发了“潘晓来信”。这封信的主要内容是关于人生意义的困惑和思考，信中吐露出的对人生的彷徨、苦闷、迷惘和怀疑引起了刚刚经历“文化大革命”的亿万青年的共鸣，在全国范围内掀起了一场讨论人生意义的大潮。“潘晓来信”及其引发的关于人生意义的讨论，反映了社会急剧变革给人们带来的强烈思想冲击。从那个时候起一直到今天，理想、信仰、人生便一直是中国人热议的话题。在人们的理想与信仰日益纷繁复杂的今天，对中国人的理想与信仰现状形成清晰的认识，可以使我们在辨别各种理想与信仰的基础上，形成崇高的理想与信仰，从而避免出现错误、困惑和迷茫，也有助于用理想与信仰指导我们的人生实践，在追求崇高理想与信仰的过程中提高人生境界。

形成崇高的理想与信仰。首先，人必须有理想与信仰，理想与信仰是人生支柱。俄国著名文学家列夫·托尔斯泰曾说过：“理想是指路明星。没有理想，就没有坚定的方向；而没有方向，就没有生活。”[12]瑞士心理学家荣格在论述信仰的必要性时说道：“尽管大多数人并不知道为什么身体需要盐，但每个人都因一种本能的需要而摄取着盐分。……大部分的人从记忆难及的洪荒时代起就感受到了一种信仰的需要，需要信仰是一种生命的延续性。”[13]理想与信仰赋予人生意义，对人生历程起着导向的作用。理想与信仰一旦确立，就能最大限度地调动人们的主观能动性。在理想与信仰的激励下，即使人们面对曲折的道路和复杂的境遇，也能始终如一地朝着预定的方向前进。或许有人会说，有些人没有理想与信仰也照样活着，在他们身上看不出理想与信仰的重要性。这个问题又该怎样理解呢？在这里，我们用一句非常具有写实意义的话来做回答：人没有理想与信仰固然可以存在着，但他一定是浑浑噩噩地存在着。“人之为人，毕竟是应该并需要精神生活和精神追求的，长期在没有理想和信仰、没有目标和追求的情况下生活，生活本身就会变成苦役。”[14]理想与信仰是我们

平淡生活中的英雄梦想，使我们能够在奋斗中追求，在追求中奋斗。

其次，人必须有崇高的理想与信仰。理想与信仰有层次高低之分，崇高的理想与信仰能够超越个体人生的有限性，使人们最大限度地实现自我的人生价值。崇高的理想与信仰就像太阳一样，正因为它的博大，才有永不枯竭的热能；崇高的理想与信仰就像灯塔一样，正因为它的远大，才能照亮前进的航程。古往今来，大量事实告诉我们，理想与信仰的层次与人成就事业的层次有关，那些在事业上取得伟大成就、对人类做出卓越贡献的人，都有着崇高的理想与信仰。毛泽东曾经说过：真正的立志是要掌握真理，然后去实现真理，要认清社会的大趋势、客观规律，然后按照客观规律去推动社会的前进。1910 年，毛泽东的父亲毛顺生要求毛泽东去经商，而毛泽东却志在求学。在离开韶山前，他给自己的父亲写了一首诗："孩儿立志出乡关，学不成名誓不还。埋骨何须桑梓地，人生无处不青山。"这首诗是少年毛泽东走出家乡、奔向外部世界的宣言书，显示了他胸怀天下、志在四方的远大抱负。认清中国人理想与信仰的现状，能激起我们对理想与信仰的思考，在确立理想与信仰时以创造最大的生命价值为依归。

理想与信仰指导具体的人生实践。实践和认识是相辅相成的。实践决定认识，认识对实践具有指导作用，特别是那些正确反映客观事物及其规律的认识对实践有着巨大的指导作用。认清中国人理想与信仰的现状，能够使我们形成对理想与信仰的正确认识，从而确保人们的实践具有正确方向，并激励人们在一点一滴的奋斗中实现自己的理想与信仰。首先，就当代中国人理想与信仰所面临的情况而言，西方社会思潮、中国传统文化和马克思主义都在一定程度上影响着中国人的理想与信仰，使得中国人的理想与信仰呈现出多元化和复杂化的特征。如何在众多的理想与信仰中认清中国人理想与信仰的现状，选择正确的符合自身和人类社会发展规律的理想与信仰，并自觉抵制各种错误的理想与信仰，是我们不可回避的问题。以实用主义为例，它以其理论的实用性以及对实践、行动、生活、实效等的强调，与美国人讲求实际和效率的传统相结合，被誉为美国的“国家哲学”。实用主义使美国人的思考深深地打上了实用主义的烙印，体现在理想与信仰层面即表现为功利色彩浓重，甚至在很多时候具有迷信色彩。虽然美国的科学技术最为发达，但那里的邪教组织和迷信团体也非常之多。显然，实用主义所引发的功利色彩浓重的理想与信仰，是我们必须坚决抵制的。

其次，积极正面的理想与信仰能够起到示范作用，激励着我们通过扎扎实实的学习和工作，化崇高的理想与信仰为现实。在中国，由于城乡二元结构和长期实行的城市倾斜政策，教育资源多向发达地区、大城市倾斜。为了改善这种情况，政府和社会各界纷纷行动起来，各种旨在帮助西部和乡村加快教育发展步伐的支教活动不断涌现，无数志愿者为此付出了辛勤的汗水。徐本禹就是其中的佼佼者，他的故事既为我们树立了典型，也很好地诠释了一种能够指导人们积极生活、努力进取，并赢得了无数人爱戴的崇高的理想与信仰。徐本禹来自山东聊城的一个贫穷农村家庭，因为支教而放弃了大学毕业时就可以攻读硕士研究生的机会。在贵州的农村小学，他忍受着孤独和寂寞，用爱心精心栽培和呵护贫瘠土地上的花朵，用真诚和行动实践着一名当代大学生的社会责任和一名共产党员的神圣使命。在徐本禹的身上，我们看到了崇高的理想与信仰和实实在在的奉献的统一，他于2004年被中央电视台评为“感动中国”十大人物之一。榜样的力量是无穷的，徐本禹在感动着中国人的同时也在大学生中掀起了一股去农村、去边远地区支教的热潮。在他的影响和带动下，越来越多的人开始参与到志愿服务和支教活动当中。

（二）有利于构建社会主义和谐社会，促进社会和谐

和谐社会是对人类美好社会状态的一种描绘，是人们梦寐以求的社会理想。一般地讲，和谐社会就是人与自然、人与社会、人与人之间和谐统一与协调发展的社会。建设社会主义和谐社会，是从中国特色社会主义事业总布局和全面建设小康社会全局出发提出的重大战略任务，反映了建设富强民主文明和谐的社会主义现代化国家的内在要

求，体现了全党全国各族人民的共同愿望。构建社会主义和谐社会是一项长期而艰巨的工程，需要全国人民团结起来，为之进行长久的付出和努力。而理想与信仰作为一种精神力量，具有强大的团结和凝聚功能。对此，邓小平曾经说过："根据我长期从事政治和军事活动的经验，我认为，最重要的是人的团结，要团结就要有共同的理想和坚定的信念。我们过去几十年艰苦奋斗，就是靠用坚定的信念把人民团结起来，为人民自己的利益而奋斗。没有这样的信念，就没有凝聚力。没有这样的信念，就没有一切。"[15] 认清中国人理想与信仰的现状，有利于我们在辩证看待各种理想与信仰的基础上，形成并充分发挥科学理想与信仰的团结和凝聚功能，从而不断推进社会主义和谐社会建设事业向前发展。

辩证看待中国传统的理想与信仰和近代西方的理想与信仰，也需要我们努力规避这两种理想与信仰所包含的负面影响。在当代中国人的信仰体系中，中国传统的理想与信仰和近代西方的理想与信仰是非主流的部分，但绝不是无关紧要的部分。在中国历史发展过程中，中国传统的理想与信仰和近代西方的理想与信仰作为社会意识的组成部分和重要体现，都曾对社会发展和历史变迁起过重要的作用。德国诗人歌德对信仰曾有过一段精辟的描述，他说："所有信仰占统治地位的时代，对当代人和后代人都是光辉灿烂、意气风发和硕果累累的，不管这信仰采取什么形式。"[16]就中国传统的理想与信仰而言，它具有强烈的宗法性色彩，是以祖先崇拜为重要内容，儒、释、道思想杂糅后的实用理想与信仰体系。从总体上说，中国传统的理想与信仰和中国传统社会呈良性互动的关系，它对中国传统社会的发展起到了良好的团结和凝聚作用。但与此同时，我们需要注意的是，中国传统的理想与信仰也有其封闭保守、受制于政治权力、过于实用化和主观化等弊端。鸦片战争使中国被迫打开国门后，这些弊端曾引起了国人的重视，由此信仰危机、信仰革命、信仰重建等呼声不绝于耳。事实证明，经过五四运动这场由政治、经济层面拓展到思想文化层面的理想与信仰的革命，中国传统的理想与信仰日益衰微。

新中国成立后，在中国共产党人的领导下，中国传统的理想与信仰获得了崭新的时代内容和鲜活的形式，与中国共产党人所崇信的马克思主义的理想与信仰共同影响着人们的精神生活和精神世界。需要指出的是，不管是在五四运动后，还是在新中国成立后，由于理想与信仰一旦形成便具有坚固的专一性和持久性，中国传统的理想与信仰虽然有很大的改变，但其弊端并没有完全清除。这些弊端对构建社会主义和谐社会的负面影响，表现为部分民众对这些弊端的顽固迷恋和盲目肯定。以中国传统的理想与信仰受制于政治权力为例，传统中国人的理想与信仰在受到政治生活限制的同时表现出对权力的极大渴望，表现为以官为本、以官为贵、以官为尊的价值取向。这种价值取向在今天部分干部的理想与信仰中依然有所体现，它不仅与当代中国的社会主义的性质和宗旨南辕北辙，而且也损害党和政府的形象，不利于构建社会主义和谐社会。因此，我们必须辩证地看待中国传统的理想与信仰和近代西方的理想与信仰，规避这两种理想与信仰可能对构建社会主义和谐社会产生的负面影响。

我们要积极树立科学理想与信仰，充分发挥科学理想与信仰的团结和凝聚功能。“看一种信仰是不是科学，关键是考察它所信奉的命题是否科学，是否使用了科学概念，是否能用认识的真假标准予以衡量，是否建立在已经得到科学证明的结论的基础上。”[17]马克思主义理想与信仰建立在对世界普遍规律和人自身本质的正确认识上，科学地揭示了人类社会的发展规律和人类解放的道路，为人们提供了认识世界和改造世界的科学立场、观点和方法。与此同时，马克思主义理想与信仰还以情感、意志等非理性因素坚定了人们对真理的追求，为人们的社会活动提供了精神动力，使人们摆脱孤立的、地域性的限制，增强了社会凝聚力。就中国而言，自马克思主义理论于 20 世纪初传入中国后，以陈独秀和李大钊为代表的中国知识分子在积极宣传马克思主义理论的过程中，成为中国最早的马克思主义理想与信仰群体的代表。1921 年成立的中国共产党，更是始终以马克思主义理想与信仰为精神支柱，始终注重马克思主义理论的宣传和教育，培养了一大批坚定的马克思主义者，使得对马克思主义理想与信仰的追求由少数先进分子逐渐拓展到广大革命阶级。在政治环境极其险恶、工作生活条件相当艰苦的情况下，马克思主义理想与信仰对新民主主义革命的胜利起到了非常重要的作用。对此，邓小平同志曾多次强调："为什么我们过去能在非常困难的情况下奋斗出来，战胜千难万险使革命胜利呢？就是因为我们有理想，有马克思主义信念，有共产主义信念。"[18]新中国成立后，马克思主义理想与信仰得到了跨越式的发展，不仅是中国共产党，即便是普通的老百姓中也有很多人愿意把马克思主义理想与信仰当成一种自觉选择。然而，在"文化大革命"时期，这种马克思主义理想与信仰的高潮却逐渐极端化为狂热的个人崇拜，使社会主义建设事业遭受了严重的挫折。"文化大革命"的曲折经历、改革开放引发的中国从传统到现代的转型、20 世纪 80 年代末 90 年代初的东欧剧变和苏联解体，种种因素交织在一起，使部分民众开始反思和怀疑自己的马克思主义理想与信仰，马克思主义理想与信仰危机的说法进而不断地被提出来。对于马克思主义理想与信仰危机，我们不否认也不回避它的存在。但需要指出的是：一方面，马克思主义理想与信仰危机并不占据中国人理想与信仰现状的主流，只是一部分人的理想与信仰危机；另一方面，我们有理由坚信，随着人们理性的逐渐觉醒，马克思主义理想与信仰必将以其科学性和先进性成为越来越多人的自觉选择，从而不断增强社会凝聚力。

（三）有利于实现中国梦，实现中华民族的伟大复兴

2012 年 11 月 29 日，新一届中央领导集体在国家博物馆参观《复兴之路》展览时，习近平总书记曾深情地阐述了中国梦。他指出："每个人都有理想和追求，都有自己的梦想。现在，大家都在讨论中国梦，我以为，实现中华民族伟大复兴，就是中华民族近代以来最伟大的梦想。这个梦想，凝聚了几代中国人的夙愿，体现了中华民族和中国人民的整体利益，是每一个中华儿女的共同期盼。"[19] 2013 年 3 月 17 日，习近平总书记在第十二届全国人民代表大会第一次会议上

强调："实现中华民族伟大复兴的中国梦，就是要实现国家富强、民族振兴、人民幸福，既深深体现了今天中国人的理想，也深深反映了我们先人们不懈追求进步的光荣传统。"[20]国家富强、民族振兴和人民幸福共同构成了中国梦的基本内容。中国梦既是一种梦想，表达了中国人对美好未来的一种期望；也是一种理想，激励着中国人为之不懈奋斗；更是一种信仰，体现了中国人对繁荣富强的强大心理诉求。认清中国人理想与信仰的现状，有利于我们在尊重差异性的基础上，最大限度地使中国梦内化于心、外化于行，从而更好地实现中国梦。

认清理想与信仰的现状有助于坚定人们走中国道路的信心。关于走中国道路，习近平总书记深刻指出："实现中国梦必须走中国道路。这就是中国特色社会主义道路。"[21]党的十八大对这条道路做了科学的概括：中国特色社会主义道路，就是在中国共产党领导下，立足基本国情，以经济建设为中心，坚持四项基本原则，坚持改革开放，解放和发展社会生产力，建设社会主义市场经济、社会主义民主政治、社会主义先进文化、社会主义和谐社会、社会主义生态文明，促进人的全面发展，逐步实现全体人民共同富裕，建设富强民主文明和谐的社会主义现代化国家。认清中国人理想与信仰的现状，我们可以发现中国传统的理想与信仰、近代西方的理想与信仰、马克思主义理想与信仰三者实际上在共同影响着当代中国人的精神世界，使当代中国人的理想与信仰呈现出多元化的特征。只有在对这三者进行辨别的基础上，才能坚定我们走中国道路的信心，具体表现为：在中国传统的理想与信仰中，追求社会和谐始终占据着社会理想和政治信仰的主流，使得中国道路有着深厚的历史传统；在近代西方的理想与信仰中，个人主义至上导致的理想与信仰危机，使得中国道路有了深刻的历史借鉴；在马克思主义理想与信仰中，依靠其本身的科学性和先进性，中国的革命和建设事业取得了伟大的胜利，从根本上改变了中国人民和中华民族的前途命运，使得中国道路有了强大的现实根基。走中国特色社会主义道路，既是总结历史的深刻启示，也是面向未来的庄严宣示。认清中国人的理想与信仰现状，有利于坚持马克思主义理想与信仰的主导地位，有利于坚定我们走中国道路的信心。

认清理想与信仰的现状有助于人们弘扬和践行中国精神。关于弘扬中国精神，习近平总书记曾指出："实现中国梦必须弘扬中国精神。这就是以爱国主义为核心的民族精神，以改革创新为核心的时代精神。这种精神是凝心聚力的兴国之魂、强国之魄。"[22] 中华民族悠久辉煌的历史文化孕育了中国精神，铸就了实现中华民族伟大复兴不可或缺的精神支撑和精神动力。民族精神是一个民族在长期共同生活和社会实践的过程中形成的，是为本民族大多数成员所认同的价值取向、思维方式、道德规范、精神气质的总和。中华民族在五千多年的历史发展中，形成了以爱国主义为核心的团结统一、爱好和平、勤劳勇敢、自强不息的伟大民族精神。时代精神是民族精神的时代性表达，体现了社会在一定历史时期内与最新的创造性实践紧密相连的思想观念、道德规范、价值取向和社会风尚。改革开放以来，我国形成了以改革创新为核心的时代精神，具体内容有抗洪精神、抗震救灾精神、奥运精神、载人航天精神和劳模精神等。认清中国人的理想与信仰现状，可以使我们在分析理想与信仰现状的基础上有针对性地提出一些措施，增进人们对中国精神的认同，从而不断弘扬中国精神。以政治信仰为例，目前中国人的政治信仰，有其积极的一面，如马克思主义理想与信仰的认同度高、爱国情感强烈、政治认同度较高等，但部分人也存在着一定程度的政治信仰危机，如共产主义理想淡化、政治主体意识淡漠、政治参与被动等。针对这种情况，我们可以在加强马克思主义理想与信仰教育的同时，优化政治参与机制，激发人们的政治参与意识，使人们积极认同并自觉接受马克思主义理想与信仰。重塑信仰的过程，可以增进我们对社会主义建设事业的了解，增强我们对伟大祖国的感情，从而有助于人们更加自觉地弘扬和践行中国精神。

认清理想与信仰现状有助于夯实中国力量的群众基础。中国力量是中国梦的重要保障。习近平总书记指出："实现中国梦必须凝聚中国力量。这就是中国各族人民大团结的力量。中国梦是民族的梦，也是每个中国人的梦。只要我们紧密团结，万众一心，为实现共同梦想而奋斗，实现梦想的力量就无比强大，我们每个人为实现自己梦想的努力就拥有广阔的空间。……全国各族人民一定要牢记使命，心往一处想，劲往一处使，用13亿人的智慧和力量汇集起不可战胜的磅礴力量。”[23]马克思主义的唯物史观认为，人民群众是历史的创造者，是社会物质财富和精神财富的创造者，也是推动社会进步和发展的决定力量。凝聚中国力量，实现中国梦，必须坚持人民群众的主体地位。中国共产党在长期的革命和建设实践中，确立了“一切为了群众，一切依靠群众，从群众中来，到群众中去”的群众路线，切实保证了党同人民群众的血肉联系。认清中国人理想与信仰的现状，有利于在尊重多样性的基础上形成共同的理想与信仰，加强社会成员之间的情感联系和合作关系，从而夯实中国力量的群众基础。就当前的情况而言，树立中国特色社会主义共同理想与中国梦高度契合，既有利于人们形成共同的理想，也有利于中国梦的实现。中国特色社会主义共同理想，是在中国共产党领导下，坚持和发展中国特色社会主义，实现中华民族伟大复兴。这个共同理想把国家、民族和个人紧紧地联系在一起，代表了最广大人民的根本利益，符合最广大人民的共同心愿，有着广泛的社会共识，有利于挖掘人民群众中蕴藏的巨大智慧和创造力。树立中国特色社会主义共同理想是汇聚中国力量的重要途径，能最大限度地团结一切可以团结的力量。当前，我们比历史上任何时期都更接近实现中华民族伟大复兴的目标，我们有理由相信在中国共产党的领导下，只要全中国人民同心协力、众志成城，就一定能够实现中华民族伟大复兴的中国梦。

注释

[1] 马克思，恩格斯. 马克思恩格斯文集：第9卷. 北京：人民出版社，2009：436.

[2] 狄更斯. 双城记. 北京：外文出版社，2000：3.

[3] 贺麟. 文化与人生. 上海：上海人民出版社，2011：98.

[4] 马克思，恩格斯. 马克思恩格斯全集：第1卷. 北京：人民出版社，1995：459-460.

[5] 荆学民. 当代中国社会信仰论. 北京：人民出版社，2008：183.

[6] 同 [1] 333.

[7] 冯良方. 超人间的信仰：中国古代宗教. 北京：人民日报出版社，1995：3.

[8] 冯天策. 当代中国主流信仰的情感变迁及价值研究. 合肥：安徽大学出版社，2010：43.

[9] 谷生然. 马克思主义信仰论：和谐社会视域中的社会信仰研究. 北京：人民出版社，2015：310.

[10] 辞海：第2卷. 6版. 彩图本. 上海：上海辞书出版社，2009：1581.

[11] 陈旭霞. 中国民间信仰. 石家庄：河北人民出版社，2013：7.

[12] 向红楚. 中外名人谈理想. 北京：红旗出版社，1986：6.

[13] 荣格. 寻求灵魂的现代人. 贵阳：贵州人民出版社，1987：127.

[14] 刘建军. 信仰追问. 北京：中国青年出版社，2014：252.

[15] 邓小平. 邓小平文选：第3卷. 北京：人民出版社，1993：190.

[16] 歌德. 东西集·注释//包尔生. 伦理学体系. 北京：中国社会科学出版社，1988：363.

[17] 同 [14] 130.

[18] 同 [15] 110.

[19] 习近平. 习近平谈治国理政. 北京：外文出版社，2014：36.

[20] [21] 同 [19] 39.

[22] [23] 同 [19] 40.

The Ideal and Faith of the Chinese

THE IDEAL AND FAITH OF THE CHINESE
THE IDEAL AND FAITH OF THE CHINESE

第四章

坚定中国特色社会主义的理想信念

4 坚定中国特色社会主义的理想信念

理想与信仰的内容并非一成不变，也没有固化的模式，而是一个动态的、具体的和历史的范畴。不同时代、不同发展阶段的理想与信仰具有不同的表达。不同地域有不同的理想追求，每一时代也有每一时代人的生活愿景。当我们提及中国人的理想与信仰，就不能不探讨中国特色社会主义的理想信念。通常情况下，我们更习惯于把理想和信念联合起来使用，其实信念是介于理想与信仰之间的一个精神意志对象，是理想转化为信仰的中介，也是理想坚定化、执着化和过渡化的表现。信念也是信仰的基础和前奏，有了坚定的信念，才可能有恒定的信仰。前面的章节重点讨论了理想与信仰问题，后面也将讨论共产主义信仰问题。按照由低层次到高层次的发展逻辑，本章将集中讨论中国特色社会主义理想信念的问题，着重谈中国特色社会主义理想信念的内容、发展历程和坚定这一理想信念的途径。

第一节　中国特色社会主义理想信念的内涵

社会之所以不断发展进步，很重要的是因为人们总是在追问“为什么”。当我们发现一个新事物，总是忍不住会问几个“是什么”和“为什么”。对绝大多数人而言，中国特色社会主义理想信念当然算不上是新事物，但也并非所有人都能很好地理解这一名词背后的丰富内涵。很多人曾经有过或是现在有这样的疑问：什么是中国特色社会主义理想信念，我们为什么需要中国特色社会主义理想信念，这和我们当前谈论的中国梦又有什么关系？本节内容尝试用通俗的方式对这些疑问进行探讨，并试图给出一个答案。

一、什么是中国特色社会主义理想信念

对于“中国特色社会主义理想信念”这一词语，相信大家并不陌生。我们在领导人的讲话、各项会议的报告、街头巷尾的标语中都看

到过，虽然在具体的语境中表述可能不大一致，有时是“中国特色社会主义共同理想”，有时是“社会主义信念”，有时是“中国特色社会主义理想信念”，但其总体内涵是基本相同的。所以，我们甚至可以说对它相当熟悉。问题在于，很多时候熟知并非真知，对于一些事物我们习以为常，但真要问个“为什么”，却发现并不能说出子丑寅卯来。对于普通老百姓来说，大部分人都知道“中国特色社会主义理想信念”，却很少有人追问这一词语的内涵到底是什么。

准确地说，“中国特色社会主义理想信念”其实也就是针对“中国特色社会主义”的理想信念。虽然从表现形态上来说，一个是以名词体现出来的作为理想信念的结果，一个是以动词体现出来探寻理想信念的过程，但从发展顺序上来说，如果没有动态的理想信念过程，就不会产生静态的理想信念结果。要理解什么是中国特色社会主义理想信念，首先就要知道什么是中国特色社会主义，什么是理想信念，而且关键在于理解中国特色社会主义。前文已经探讨过，理想信念是一种精神现象，是人的心灵世界的核心，是人们的世界观、人生观和价值观在奋斗目标上的集中体现。理想信念固然总是和社会主义、共产主义、马克思主义等词语同时出现，但我们说的理想信念，指的是马克思主义的科学信仰和坚定的社会主义理想信念，区别于具有浓厚宗教色彩的信仰。就其本质而言，它与信仰的内涵是基本一致的，只不过信仰的对象不一样。所以，关键就在于对对象的理解，在这里，就是要理解中国特色社会主义。

顾名思义，中国特色社会主义就是具有中国风格、中国气派的社会主义，是把科学社会主义的基本原则运用于中国的实践，同时又具有鲜明的中国特色。在中国共产党的领导下，我们坚持走中国特色社会主义道路，形成了中国特色社会主义理论、制度和文化。可以说，中国特色社会主义是道路、理论、制度和文化的集合体。同时，中国特色社会主义也是一种社会理想。邓小平同志说过：“社会主义的本质，是解放生产力，发展生产力，消灭剥削，消除两极分化，最终达到共同富裕。”[1]这里说的本质，其实是一种根本目标，是一种理想。

有共同的理想，才会有一致的步伐、齐心的努力。中国特色社会主义共同理想，就是在中国共产党领导下，坚持和发展中国特色社会主义，实现中华民族伟大复兴。中国特色社会主义理想信念，就是把理想的未来指向性和信念的当下支撑性有机结合，坚定地信仰并且忠实地实践中国特色社会主义。

这种理想信念，既把马克思主义与中国紧密联系在一起，实现了理论与实践的结合与互动，又把国家、民族与个人紧密联系在一起，具有极强的广泛性和包容性。这一中国实践，不但没有教条主义地生搬硬套经典作家的个别词句，而且与时俱进地丰富和发展了马克思主义的基本理论。此时的中国人民，不管是工人、农民、知识分子还是其他建设者和爱国者，都能在这一理想信念中受益，并且也能找到自己的位置，贡献自身的力量。因此可以说，这种理想信念，凝聚了最广泛的社会共识，成为所有人在理想与信仰上的最大公约数。

从整个共产主义运动的角度而言，中国特色社会主义理想信念也属于共产主义信仰（或者称为马克思主义信仰。实质上，共产主义信仰与马克思主义信仰两种提法的内涵基本一致，但各有侧重，前者侧重政治色彩，后者侧重理论色彩），是共产主义信仰的前期基础和阶段性表现。马克思主义创始人在《共产党宣言》中指出，无产阶级革命运动的目标是要建立没有剥削，没有压迫，每个人自由而全面发展的共产主义社会。可见，我们最终的目标是要实现共产主义，我们信仰的是共产主义，但共产主义的远大目标不是一蹴而就的，理想的实现来自一步步的努力。

正如我们想要考上一所好大学，就必须定好计划，具体到语文、数学、英语等科目需要多少分，还有哪些知识点要掌握，一个月之内要达到怎样的目标，一星期要有多少进步，每天要学习多少知识点。表面上，我们考上大学是在考场上答题得到的分数产生的结果，实际上，答题的过程是检验和展示我们学习成果的过程。真正让你考上大学的，不是考场上的几个小时，而是前期无数个勤奋学习的日日夜夜。每个学习阶段都是大学圆梦之路上的一部分。同样，中国特色社会主义是共产主义大道上的重要一段。正如邓小平所说："我们共产党人的最高理想是实现共产主义，在不同历史阶段又有代表那个阶段最广大人民利益的奋斗纲领。"[2]中国特色社会主义就是我们现在的奋斗纲领，也是我们当前的理想信念。但这种理想信念并非我国人民精神生活和精神世界的顶点，也不是最终的信仰。它们发展的巅峰乃是对未来共产主义的崇信，是共产主义信仰。因此，我们既不能脱离马克思主义、脱离共产主义来谈中国特色社会主义，也不能脱离共产主义信仰来讨论中国特色社会主义理想信念，中国特色社会主义理想信念包含于共产主义信仰，在当下，坚定中国特色社会主义理想信念，就是坚定共产主义信仰，因为它是共产主义信仰的阶段化目标和过程化对象。

二、为什么需要中国特色社会主义理想信念

即使知道了什么是中国特色社会主义理想信念，我们仍旧无法解决另外一个问题——为什么需要中国特色社会主义理想信念。从传统来讲，我们中国人有着数千年历史发展中形成的传统理想与信念。中国人最高的生存理想是追求"天人合一"，达到一种同自我、他人、社会和自然的高度和谐。因此，中国人追求自我生命、生存时空和群体生存的最佳状态，中国人一生的目标都围绕着生存、发展、建业和尽天年，这就是传统的理想和信念。尽管在现代社会中，传统很大程度上被削弱了，一些美好的风俗习惯都成为史书或老人口中的故事，中国人的生存方式也发生了深刻的转变，但是传统依旧在我们的思维和日常生活中发挥着重要作用，每年春节期间的"春运"就是最好的证明。

虽然传统在我们的思维中打下了烙印，但近代以来以农耕文明为主要特征的传统文化在同以工业文明为主要特征的西方文化的较量中逐步式微了。鸦片战争之后的一个多世纪里，中国深陷内忧外患的境地，在国家存亡之际，一批批有志之士展开了救亡图存的艰辛探索。其中，以马克思主义为指导的中国共产党人以其革命的坚定性、深刻性和广泛性赢得了人们的支持，并且带领中国人民实现了国家解放、

民族独立，进行国家建设，实施改革开放。历史上，人们的热情从来没有被如此广泛而深刻地调动过，马克思主义的思维方式和话语体系从此成为人们的日常。特别是在革命和建设时期，对于穷苦的中国人来说，马克思主义几乎是希望的代名词，这种思想理论对人的影响，只有经历过的人才能体会！我们可以从《十送红军》《红军阿哥你慢慢走》《东方红》《唱支山歌给党听》等诸多红色歌曲中体会老百姓对中国共产党及其领导的人民军队的深深情感和信赖，这些大多是百姓自发传唱的、以民歌形式表达的艺术作品，真实而又生动地反映了中国共产党在人们心中的地位。

那么，我们不禁要问，既然中国人在文化的根子上有自己传统的处世方式，在国家层面上又有了马克思主义的理论指导，有了共产主义的理想追求，为什么还要再提出"中国特色社会主义理想信念"这样一个新的概念呢？它是如何提出的？又是为什么提出？其概念背后有着怎样的深意呢？我们只有深入马克思主义发展的理论逻辑和中国革命、建设的实践逻辑，才能体会到现实对中国特色社会主义理想信念的切实需要。

从马克思主义发展的理论逻辑来看，它是一个开放的理论体系，需要不断通过与时俱进来保持生命力。很多不明就里的人一上来就发出这样的诘难：中国现在做的这些，在马克思那里很难找到确切的依据。这还算不算是以马克思主义为指导？这个诘难来势汹汹，似乎一下就抓住了问题的要害。但是，问题的关键在于，什么才是真正的马克思主义呢？几乎所有人都知道，马克思主义是马克思和恩格斯创立的关于无产阶级解放的条件的学说，但这并不意味着只有马克思和恩格斯的观点才是马克思主义的。事实上，马克思主义包括但不局限于马克思和恩格斯的学说。列宁、毛泽东、邓小平等后继者用马克思主义的立场、观点和方法进行了许多富有创见的探索，结合当时当地的社会历史条件把马克思主义推向了新境界，这是对马克思主义真正的坚持和发展，而不是背离。中国特色社会主义，就是当下的马克思主义。

从中国革命、建设的实践逻辑中，我们更能理解中国特色社会主义理想信念产生的合理性。经历过那个时代的人应该还记得，刚刚从“文化大革命”中走出来的中国，在思想路线和工作中心上实现拨乱反正不久，各行各业发展都比较缓慢。从整个世界的角度来看，我们国家是落后于社会历史发展水平的。特别是西方国家科学技术、工业文明和文化艺术发展都比较迅速。然而我们国家又是什么样的呢？人民对物质文化的需要快速增长，但生产力水平十分有限且存在着巨大的落差。很多东西不但需要进口，而且十分稀缺。这时候，和平与发展成为时代主题，世界多极化和经济全球化趋势加速发展，综合国力竞争日益激烈，在国际形势发生深刻变化和世界发展出现新趋势的时代背景下，面对国内的问题和国际的发展，认识社会主义和发展社会主义成为重要任务。基于此，我们党提出并实行了改革开放政策，并且进一步提出了“把马克思主义的普遍真理同我国的具体实际结合起来，走自己的道路，建设有中国特色的社会主义”的构想。这种构想具有鲜明的现实针对性，符合中国的现实国情和未来发展的具体要求。

改革开放初期，社会正处在变革中，现实社会的波动也引起了精神层面的混乱：一方面，改革中的一些政策引起人们的质疑，有人认为实行改革开放、实行市场经济就不是社会主义，遂对中国特色社会主义的性质产生了怀疑；另一方面，随着中国更多地融入世界，在引进西方的资本和先进技术的同时，西方的思想和价值观念也随之而来，资产阶级自由化的思潮引起了思想领域的动荡。在科学社会主义运动总体处于低潮，国内经济社会发展较为落后的情况下，思想政治工作也较为软弱。此时的中国，急需一种能切实回答当下中国问题的思想理论，也急需一种能凝聚最广泛共识的理想信念。因此，从邓小平理论、“三个代表”重要思想到科学发展观等，中国特色社会主义理论不断形成并发展，与此同时，实践也不断塑造和巩固着中国特色社会主义理想信念。

中国特色社会主义理想信念的提出，当然不是为了确立一个可有可无的概念以吸引人们的眼球，而是符合中国现实和中国人现实需要的根本抉择。这是因为，理想信念可以指引前进的方向，而一个国家、一个社会、一个民族，必然要有精神追求和价值目标。在一些知名大学的校园里，我们经常会看见许多游客，而其中很大一部分是家长和孩子。很多家长都会对孩子说这样一番话："你看这大学多好，以后要好好努力，来这里学习。"他们这样做，不过是想让孩子和大学产生联系，并在孩子的心灵中播下理想信念的种子，激励他们勤奋学习。事实上，并非所有人最后都能被心目中的那所大学录取，但往往有目标和理想的孩子只要坚持自己的理想信念，总体上就都不会太差。这是因为，目标一旦确立，他们就能全身心地投入进去。特别是在改革开放的进程中，在物质生活飞速发展，选择变多的同时，社会大众尤其是领导干部所受到的诱惑随之增多。很多人在艰难困苦中坚持了过来，却在糖衣炮弹面前迷失了方向。实际上，在一个社会发展的进程中，理想信念作为精神支柱和精神动力始终会内在地发挥作用。社会发展速度越快、转变越大，理想信念的作用也就越突出。

同时，理想信念也可以成为前进的动力。读者应该都有过这样的人生体验，当我们非常强烈地想实现某种理想或某个目标，哪怕遇到了困难，想想自己的追求也大都能继续坚持下去。对于国家和群体也是如此，要在这么复杂的国内外情势下建设中国特色社会主义，实现中华民族的伟大复兴，必然也会遇到各种各样难以预料的困难。要把全国各族人民凝聚起来，一起攻坚克难，没有共同的理想信念是不行的。理想信念最能激发人、鼓舞人，因此，如果用一句话概括我们为什么需要中国特色社会主义理想信念，那就是：我们向往过上美好的生活，我们在从事一项伟大而艰难的事业，而伟大的事业需要崇高的理想信念。

三、中国梦：中国特色社会主义理想信念的时代表达

前文提到，2012年11月29日，习近平总书记在参观《复兴之路》展览时提出"实现中华民族伟大复兴是中华民族近代以来最伟大的梦想"这一论断。此后，中国梦在我国政治和日常生活领域就成为一个重要的命题。很明显，中国梦表达的是近代以来中国人的梦想和追求，而这一追求的目标和中国特色社会主义理想信念一样都是实现中华民族的伟大复兴。那么，对同一个目标的不同提法之间是怎样的

关系呢？其实，我们完全可以从理想信念的角度去理解中国梦。中国梦中人们所梦的是什么？无非是国家富强、民族振兴和人民幸福的理想生活。就中国梦的本质和内涵而言，它显然就是中国特色社会主义理想信念通俗化、时代化的表达。

中国梦和中国特色社会主义理想信念的目标都是要实现中华民族的伟大复兴，途径都是走中国特色社会主义的道路，解放和发展生产力。既然目标和路径都一样，本质上它们当然是相同的，只是社会环境的变化，促进了话语方式的转变，进而产生了不同表达。

但是，中国梦并非完全等同于中国特色社会主义理想信念。首先，中国梦具有深厚的近代历史感。中国梦刚提出的时候，有个别不同的声音认为，怎么美国有“美国梦”，咱们也跟着提出个“中国梦”？有这种想法的人大概忽略了我们国家的历史。不了解中华文明辉煌灿烂的过去，不了解近代以来中国所受的欺侮，不了解中国共产党人带领全国各族人民争取国家解放、民族独立、经济社会发展的艰辛过程，就不能体会中国梦对我们国家、民族和全体人民的重要意义。中国梦不是“美国梦”的简单复制，而是中华民族伟大复兴的最新、最集中的表达。也正是在这个意义上，中国梦更具有历史感，更利于从历史中激发前进的动力。

其次，中国梦具有鲜明的现实针对性。改革开放以来最大的成就是经济和科技的发展、物质生活水平的提高。但不得不承认，与物质文明的进步相比，精神文明的发展要缓慢得多。梦想的缺失，确实是现代社会一个很严重的问题，许多人过着朝九晚五的生活，几乎没有时间考虑自己的梦想。更有甚者，在物质的追求中迷失了自我，没有长远的目标，也不知道自己真正想要的是什么，缺乏做大事业的动力和勇气。在这种情况下，中国梦的提出，更能激发人们对梦想的追求。梦想的力量是强大的，美国民权运动领袖马丁·路德·金《我有一个梦想》的演讲，激发了多少非裔美国人为争取平等而奋斗?！中国梦是民族的梦，也是每个中国人的梦。中国梦也可以激励国民为国家富强、民族振兴和人民幸福而不断追求。

总之，中国梦是当代中国人共同理想的生动表达，是对民族复兴美好未来的诗意描述，是中华儿女的共同期盼，是全国各族人民的最大共识。中国梦既有历史的渊源，又有现实的基础。同时，梦也是一个充满生活气息和浪漫色彩的表达，更贴近生活实际，容易引起人们的亲近感；更充满艺术气息，容易引发人们的美好畅想；更容易凝聚力量，提供前进的动力。而且，中国梦不是可望而不可即的空想，而是具有可实现性的理想追求。

但是，值得注意的是，中国梦能不能实现的关键，就在于能不能坚持中国道路，能不能弘扬中国精神，能不能凝聚中国力量。如果只停留在口号上，就会沦为空想；如果中华儿女能齐心践行，努力奋斗，就能够实现。

第二节 社会主义理想信念的发展与塑造

当我们清楚中国特色社会主义理想信念是什么的时候，好奇的读者也许还会进一步追问：这一理想信念源自哪里？它是如何发展与塑造的呢？事物的发展总是循序渐进的，中国特色社会主义理想信念也不是无源之水、无本之木，不可能凭空产生，它有着深厚的理论逻辑和实践逻辑。英国空想社会主义者托马斯·莫尔的代表作《乌托邦》问世至今已有500年，这500年间，马克思主义创始人使社会主义由空想变为了科学，并且因为列宁等人的推动，社会主义首次在俄国由理论变成了实践，又经过中国共产党人的艰辛探索，这一理想信念开花结果，成为赢得群众广泛认同、指引人们不断前进的强大力量。

一、经典作家关于社会主义理想信念的基本观点

我们习惯上把马克思、恩格斯和列宁等人称为经典作家，他们在

马克思主义的创立和发展中起到了不可替代的作用。他们对社会主义的基本观点，描绘了社会主义的基本走向。虽然理想信念是当代中国实践中产生的具有中国特色的词语，但经典作家对理想、信念以及信仰等的相关论述，是中国特色社会主义理想信念的理论源头，经典作家关于社会主义理想信念的基本观点，向我们展示了社会主义理想信念发展的清晰脉络。

（一）马克思和恩格斯关于社会主义理想信念的基本观点

经典作家无疑是社会主义发展史上举足轻重的人物。社会主义理想信念的来源，最早可以追溯到空想社会主义，特别是圣西门、傅立叶和欧文等人对社会主义的描绘与尝试，对这一思想的传播起到了重要作用。但是，直到马克思和恩格斯从现实社会的经济物质领域进行探索，才实现了社会主义思想认识的第一次飞跃——社会主义从空想到科学的发展。也许没有马克思和恩格斯的贡献，社会主义也不会一直停留在空想的阶段，但如果不是他们从科学上进行了论证，社会主义应该还需要在黑夜中摸索更长的时间，经历更多的失败。毫无疑问，他们在论证社会主义的时候也需要表明对社会主义的态度。

马克思和恩格斯最初以批判的态度对待理想、信仰。在我们的一般印象中，经典作家并不讨论和研究理想或信仰的问题，有时涉及，也是以批判的形式出现。这种判断是合理的，马克思和恩格斯都没有专门写过著作来讨论社会主义理想信念，或者用当时的话语——共产主义信仰，但他们在进行宗教批判，并同工人运动中的错误思潮做斗争时会论及相关话题。马克思在《〈黑格尔法哲学批判〉导言》中就以路德宗教改革来批评德国局限于在理论上、思辨中进行批判的不足，认为路德用信念造就的奴役制代替了用虔信造就的奴役制，“他破除了对权威的信仰，是因为他恢复了信仰的权威。……他把肉体从锁链中解放出来，是因为他给人的心灵套上了锁链”[3]。为了批判巴枯宁主义者把革命变成玩弄词句的做法，恩格斯指出：“在这里‘革命’本身成了某种像童贞马利亚之类的东西，理论成了信仰，参加运动成了祭祀，而一切活动都不是在平庸的尘世展开的，而是在泛泛空话的九霄云外进行的。”[4] 如果说这只是从批判他人的角度否定地使用信仰阐述自己的追求，他们也并没有给“理想”留下位置。在《德意志意识形态》中，马克思和恩格斯认为：“共产主义对我们来说不是应当确立的**状况**，不是现实应当与之相适应的**理想**。我们所称为共产主义的是那种消灭现存状况的**现实的**运动。”[5] 所以，人们认为马克思和恩格斯对理想信念持批评态度并非全无道理。

但是，马克思和恩格斯并不否定一般的理想和信念。理解马克思和恩格斯对信仰的批判，要结合当时的西方社会特别是德国还是一个宗教国家、工人运动还停留在观念领域斗争的大环境去思考。正如同马克思和恩格斯在《共产党宣言》中说过共产主义不是要废除一般的所有制，而是要废除资产阶级的所有制一样，他们也不是要否定一般的理想和信念，而是要否定宗教对人的束缚，要否定那种把共产主义当作一种纯粹的观念上的信仰而不付诸行动的想法。这其实并不难理解，大部分人都不喜欢吃烂了的苹果，因此会指出很多烂苹果的缺点，甚至言辞激烈地提出要直接把这些苹果扔进垃圾桶，但这不能因此就得出结论说他们不喜欢吃苹果。

在当时特定的社会背景下，为了使共产主义的信仰区别于宗教信仰和空想社会主义，马克思和恩格斯不得不回避甚至是反对用“理想”或“信仰”来描述无产阶级革命事业。他们在贬义上使用了“信仰”的概念，是想要强调新世界观的现实性和科学性，是不想让人们把他们的思想与错误理论混为一谈。他们甚至一度批判共产主义，难道我们就此认为马克思和恩格斯不是共产主义者？显然，必须要看到特定历史时期中特定事物的特殊性，不能用特殊来否定一般。在当时，“信仰”一词是神学家们的口头禅，而“理想”一词则是空想主义者的常用语。为了同他们划清界限，暂时回避使用这两个术语是必要的、合理的。但不能由此断言马克思和恩格斯轻视或忽视对工人阶级进行科学信仰和必胜信念的培养和教育。相反，他们非常重视这一点。恩格斯在介绍世界上第一个无产阶级政党——共产主义者同盟成立的背景和经过时，就表明他们“决不想把新的科学成就写成厚厚的书，只向‘学术’界吐露”，他强调，“对我们来说同样重要的是：争取欧洲无产阶级，首先是争取德国无产阶级拥护我们的信念”[6]。可见，恩格斯至少在当时已经明确地认为共产主义是他们的信念。在《哥达纲领批判》中，马克思在批判拉萨尔主义时旗帜鲜明地表明了无产阶级政党对待信仰的态度，认为“资产阶级的‘信仰自由’不过是容忍各种各样的**宗教信仰自由**而已，工人党则力求把信仰从宗教的妖术中解放出来”[7]。这句话简短而深刻地体现了马克思主义创始人对理想信念和信仰的基本观点。在他们看来，信仰有科学和非科学之分，他们否定的是虚幻的、盲目的信仰而非信仰本身，他们要把信仰从非科学的状态中解放出来，从而使它成为一种科学。

（二）列宁关于社会主义理想信念的基本观点

列宁是马克思主义发展史上极其重要的人物之一，经过列宁的继承和发展，马克思主义成为指导国家独立解放的思想体系，我们中国接受的就是列宁发展起来的马克思主义。列宁把科学社会主义从基本处于理论探索的阶段推向了建立国家的实践阶段，形成了苏联模式的社会主义，实现了社会主义思想认识的第二次飞跃。在革命实践中，列宁形成了明确的关于社会主义理想信念的基本观点，十分重视理论学习对坚定理想信念的重要作用。

列宁发展了社会主义理想信念的相关概念。我们在讨论问题的时候总是需要一定的概念，因为只有明确一定的概念，才可以限定讨论的范围，否则，“无所不谈”导致的结果很可能是不知所云。但事物的发展总是要经历一定的过程，概念的明确也需要时间的沉淀。列宁对社会主义理想信念的推进，先表现为对社会主义理想信念的相关概念的推进。首先，列宁明确使用了“社会主义理想”和“社会主义信念”的说法，列宁认为，“对觉悟的工人来说，社会主义是一种庄严的信念”[8]。在《我们的当前任务》一文中，列宁指出当时俄国社会民主党的“任务是赋予自发的工人运动以明确的社会主义理想，把这个运动同合乎现代科学水平的社会主义信念结合起来，同争取民三这一实现社会主义的手段的有步骤的政治斗争结合起来”[9]。这就与马克思和恩格斯“解放信仰”的提法很不一样，列宁更直接地把社会主义和理想、信念联系在了一起，将其作为一个特定名词来使用。其次，列宁也首次使用了“共产主义信仰”和“马克思主义信仰”的概念。1913 年，他在为《马克思和恩格斯通信集》所做的概述中描述了恩格斯那位专横的、信教的父亲，“对儿子四处参加政治集会，对他的共产主义信仰很生气”[10]。列宁不仅认为马克思和恩格斯对共产主义的追求是一种信仰，而且直接提出了这样的名词。可见，他已经自觉地把社会主义运动和理想信念结合在一起考察了。

列宁也很重视理论对信念形成的重要作用。可能在很多人眼中，列宁更多的是一个革命家的形象，因为在他的领导下进行了革命，推翻了封建政府，建立了世界上第一个社会主义国家，而且这个社会主义国家是一个地域辽阔的强国。但是，稍微了解历史的人都应该知道，当时俄国最大的历史任务就是通过武装革命夺取政权建立新型国家，把全体人民从专制制度下解放出来，因而列宁的工作重心无疑是革命斗争。然而，革命并不是一味地蛮干，列宁十分重视理论对实践运动的指导作用。他认为“没有革命的理论，就不会有革命的运动”，这在当时是个不证自明的真理。列宁不断认真研读当时能找到的几乎所有的马克思主义著作，结合俄国实际进行深入研究以指导革命实践，还十分重视对民众特别是在党内进行理论教育。因为他认为，“没有革命理论，就不会有坚强的社会党，因为革命理论能使一切社会党人团结起来，他们从革命理论中能取得一切信念，他们能运用革命理论来确定斗争方法和活动方式”[11]。显然，列宁不仅认为理论能指导革命实践，还可以形成对社会主义的理想信念，形成坚定的信仰。正是在这种背景下，列宁发展了“灌输”理论，构建了关于社会主义思想意识教育的一整套教育体系，为社会主义事业提供了重要的思想保障。

二、中国共产党人的社会主义理想信念

每一个时代都有每一个时代下人的期待，每一方地域也有每一方地域上人的追求。不同的期待与追求并不好直接进行比较，很难区分好坏高下。但要说谁的理想信念兼具现实性、广泛性、坚定性和崇高性，则可以对它们进行比较。在这方面，中国共产党人的社会主义理想信念在社会主义信仰或是中国人的理想与信仰殿堂里都占有重要的位置。一般而言，人们所期待与追求的，都是自己所不曾拥有的，而且越是缺乏，就越是向往。中国共产党人正是在艰难困苦的现实中树立了社会主义理想信念，并且使这一信念作为带领人民过上好日子的强大精神动力。

（一）中国共产党人的理想信念形成于对国家和民族前途命运的探索

清朝中后期，曾经风光无限的“老大帝国”逐步呈现衰颓之势。鸦片战争翻开了中国近代历史的新页，也打开了“潘多拉的魔盒”。从此，民族独立、经济发展和美好生活就成为现实生活的对立面，成为一种天方夜谭。在对国家和民族未来的探索中，中国共产党确立了社会主义理想信念，并在这种信念的支撑下，走过枪林弹雨的革命岁月，走过如火如荼的建设时期，走在了民族复兴的康庄大道上。

我们确立什么样的信仰，不是凭空想象出来的，而是来自实际的需要。中国人并非天生就有社会主义的理想信念，“天下大同”的思想虽然与之有许多异曲同工之处，但它显然不是以马克思主义理论为指导的，马克思和恩格斯甚至都不是中国人。毛泽东说过：“马克思列宁主义来到中国之所以发生这样大的作用，是因为中国的社会条件有了这种需要，是因为同中国人民革命的实践发生了联系，是因为被中国人民所掌握了。任何思想，如果不和客观的实际的事物相联系，如果没有客观存在的需要，如果不为人民群众所掌握，即使是最好的东西，即使是马克思列宁主义，也是不起作用的。”[12]

我们为什么需要马克思主义？在回答这个问题之前，可以先看看《中华人民共和国国歌》的歌词——起来！不愿做奴隶的人们！把我们的血肉筑成我们新的长城！中华民族到了最危险的时候，每个人被迫着发出最后的吼声……有些人也许会感到疑惑，为什么我们早都度过了那样的年代，还用这些古老的词句呢？是的，中国大地早已"换了人间"，现在大多数的中国人都拥有较好的生活。"奴隶""血肉""最危险的时候""最后的吼声"离我们越来越远了。但这首创作于20世纪30年代的词曲，却是对当时中国社会真实而又生动的写照。近代以来，国家衰弱，列强欺侮，从洋务运动、戊戌变法到辛亥革命，一批批有识之士开始探索新的出路。从器物学习到政治改革再到社会革命，变革虽然一步步加深，但是，社会存在的根本问题却没有得到解决，剥削和压迫没有减少，国家和民族的危机日益加深。

正是在这种情况下，马克思主义经由有志青年的引介，从苏俄、日本和法国等地传入中国。我们走过枪林弹雨，经历白手起家，决心改革开放，一路上流过血、犯过错，现在正走向民族复兴。在对国家和民族前途命运的探索中，马克思主义普遍真理与中国实际结合得越来越紧密，也越来越被实践证明是正确的。社会主义理想信念也同它的指导理论一样，也许会面临一定的挑战，但实践会让人们对这种信念越来越坚定。

（二）中国共产党人始终代表人民群众的利益

人类生存发展总是离不开利益关系，所谓"天下熙熙皆为利来，天下攘攘皆为利往"。马克思主义经典作家也同样重视利益问题，认为人们为之奋斗的一切，都同他们自身的利益有关，而思想一旦离开利益，就会使自己出丑。共产党人坚持崇高的理想信念，但同样也不避讳谈论现实利益。

有人简单地认为，共产党人不应该谈利益，谈利益就不是先进分子。其实，问题的关键并不在于谈不谈利益，是不是追求利益，而是谈谁的利益，为谁追求利益。无产阶级政党始终关照大多数人的利益，始终为广大人民群众谋利益。马克思和恩格斯在《共产党宣言》中就曾指出，在整个运动中，无产阶级没有属于自己的独特的利益。“过去的一切运动都是少数人的，或者为少数人谋利益的运动。无产阶级的运动是绝大多数人的，为绝大多数人谋利益的独立的运动。”[13]而这种“为绝大多数人谋利益”的性质，在中国共产党人这里得到了更为深刻生动的诠释。毛泽东在《论联合政府》中指出，“我们共产党人区别于其他任何政党的又一个显著的标志，就是和最广大的人民群众取得最密切的联系。全心全意地为人民服务，一刻也不脱离群众；一切从人民的利益出发，而不是从个人或小集团的利益出发”[14]。某种意义上，“共产主义信仰中最高的信仰对象不是别的，乃是‘人民’。看一下中国共产党人的文献，就会发现里面出现最多的词是‘人民’。如果说宗教信徒三句话不离‘上帝’（神），那么我们共产党人是三句话不离‘人民’”[15]。毛泽东曾在《愚公移山》的讲话中把“全中国的人民大众”比作“上帝”，以毛泽东为代表的中国共产党在长期斗争中形成了“一切为了群众，一切依靠群众”和“从群众中来，到群众中去”的群众路线，同实事求是和独立自主一起，成为毛泽东思想活的灵魂。后来形成的“为人民服务”的论题，更成为镌刻在中国共产党人心里的政治信念。邓小平也反复强调，要把人民拥护不拥护、赞成不赞成、高兴不高兴、答应不答应作为制定方针政策和做出决断的出发点和归宿。

（三）中国共产党人把理想信念看得比生命更重要

每个人都有自己的信念，只是程度深浅不一，有的人对事物只是一般的相信，有的人却达到了信仰的高度。中国共产党人在对国家和民族命运的探索中，在革命斗争的实践中形成了社会主义理想信念并且认识到理想信念关系事业的兴衰存亡，因此，他们十分重视理想信念的作用，甚至把理想信念看得比生命还重要。

邓小平同志认为，对马克思主义的信仰，是中国革命胜利的一种精神动力。他的判断并非空穴来风，而是数十年来领导革命的亲身经历、切身体会。理想信念具有强大的凝聚力，是团结和凝聚人群的重要精神力量。近代以来，中国不仅实力不强，而且地域辽阔，不同民族有着不同的文化，不同阶层有着不同的利益。孙中山先生当时一心想要找到一种“水泥”，以便把中国“这盘散沙”凝结起来。但是，仍旧以失败告终。国民党最终没有实现的，共产党却实现了。马克思主义这一来自西方的“洋水泥”，在中国发挥了惊人的作用，把全国各族人民都凝聚在了一起。很多人对共产党的历史感到不解，那么弱小的队伍，怎么经历了土地革命、抗日战争和解放战争，非但没有像大家预测的那样消亡，反而越战越强？它又何以领导着贫穷落后的中国在一穷二白的基础上搞建设，几十年的时间就赶超了其他国家数百年的积累？其秘密就在于理想信念。一个有理想信念的党带领有理想信念的人民，成就了一个有理想信念的国家，数以亿计的力量凝聚到一起，还有什么是不可能的呢？

中国共产党人因为知道理想信念的力量，所以把它看得比生命还重要。2016 年是红军长征胜利 80 周年。为了纪念这一伟大壮举，中央电视台主导并创作了八集大型文献纪录片《长征》，其中有这样一个故事：红四方面军兵站部部长吴先恩率部翻越党岭山时，发现有许多冻僵战友的遗体被埋在雪里，其中有一只胳膊伸出雪堆，拳头紧握。他掰开这只手一看，里面是党证和一块银圆。生命的最后一刻想的竟然是缴纳党费，这是怎样的一种信仰！这蕴含着怎样的一种力量！其实，在中国革命进程中，这样的故事并非个案。红 25 军在独树镇被数倍的敌人包围，政治委员吴焕先拿起大刀冲向敌人，高喊“共产党员跟我来”。红 34 师师长陈树湘率领全师与十几倍于自己的敌人在湘江边激战多日，最后因弹尽粮绝、腹部受伤而被俘。在押解途中，躺在担架上的他撕开伤口，把肠子掏出来拧断，慷慨就义。正如哈里森·索尔兹伯里在《长征：闻所未闻的故事》中所言，“这些名字还可以一直继续数下去，死难者和失踪者的名单连绵不断，永无尽头”[16]。

敌人觉得不可思议，这些青年当兵不只是为了有个饭碗，为了胜利他们甚至甘于牺牲性命。这是因为共产党人有理想信念，他们把理想信念看得比生命更重要。红军开始长征时，总计二十余万人，最终到达陕北时，只剩下了3万余人。一座座烈士的墓碑、一串串英雄的名字，是对共产党人铁一般信仰、铁一般信念最悲壮、最深沉的诠释。还有更多的战士在雪山或草地上战死、冻死、饿死、病死，他们没有墓碑，没有纪念物，直到今天，我们甚至都无法知道他们的名字。但其实，他们都有一个共同的名字——信仰，他们用生命诠释了什么叫信仰。他们的姓名不详，但他们的事业不朽！

邓小平多次深刻地指出："马克思主义的另一个名词就是共产主义。我们多年奋斗就是为了共产主义，我们的信念理想就是要搞共产主义。在我们最困难的时期，共产主义的理想是我们的精神支柱，多少人牺牲就是为了实现这个理想。"[17]习近平总书记也不断强调"革命理想高于天""理想信念就是共产党人精神上的'钙'"。是的，没有一大批具有坚定共产主义理想的中华儿女，就没有中国共产党，也就没有新中国，更没有今天我国的发展进步。是理想信念让我们在艰难困苦中挺起了脊梁，而要把我国发展得更好，同样离不开理想信念的力量。

三、中国老百姓对社会主义理想信念的认同与理解

每当谈到社会主义理想信念的时候，很多人首先想到的是中国共产党，想到的是共产党员的精神追求，这当然是对的。社会主义理想信念之所以会成为中国人的理想与信仰，首先是由于中国共产党以及党内成员的大力推动。作为中国人民和中华民族的先锋队，党组织应该具有远大的理想追求。而作为组织内部的先进分子，党员干部的理想信念理应最坚定。可是，伟大的事业从来不是仅凭某个先进组织或某些先进分子就能完成的，全国人民的事业需要全国人民齐心努力。中国共产党自1921年诞生以来，就致力于使社会主义理想信念成为中华儿女的共同追求，那么，共产党人的努力是否得到了中国老百姓的认同？他们又是如何理解社会主义理想信念呢？

事实证明，中国老百姓确实对这一理想信念产生了强烈共鸣并且积极投身于社会主义事业。只要回顾一下中国共产党的历史，就可以清晰地看到老百姓对他们所从事的事业的认同和支持。土地革命时期，红军在国民党军队的重兵“围剿”中不得不实施战略转移，开始了长征的壮举。在前有强敌后有追兵、自然环境恶劣、粮食和弹药缺乏的种种不利条件下，最终依然完成了这项伟大的壮举。这当然体现了红军战士的信念、智慧、勇敢与毅力，但也不能忽视一个很重要的因素——人民群众的支持。没有群众的支持，哪来的物资补给？怎么发现近路？如何安置伤员？很多老百姓为此甚至献出了宝贵的生命。回顾红军长征的历史，就能清晰地看到共产党及其领导的军队与百姓之间的鱼水深情。红军为了人民，人民拥护红军，无论多么艰难困苦，人民始终心向红军、帮助红军，甚至参加红军。

这样的道理在抗日战争和解放战争中同样也得到了很好的证明。陈毅将军曾感慨地提出，淮海战役的胜利是人民群众用小推车推出来的。甚至在新中国成立初期，当我们错误地实施“大跃进”的时候，为了响应大炼钢铁的号召，老百姓把自己的锅都砸了贡献给国家。这固然代表了一种非理性行为，但这种非理性行为里面不也体现了老百姓对共产党和党所从事的事业无条件的相信吗？直到现在，对社会主义理想信念的认同，依然是我们党领导人民谋求幸福生活的精神力量。社会主义理想信念是共产党带领人民在建设社会主义的实践中形成的理想与信仰，这种理想信念是全体中国人共同拥有的。但是，也必须看到，在一致的认同背后，可能有不同的理解。特别是普通老百姓的理解方式与党员或者理论工作者会存在一些差异。

马克思主义认为，人民群众是历史的创造者。但是，这并不等于说每个人都应该是社会发展的引领者，每个人都能正确地把握历史发展的方向。事实上，历史上每一次进步或者变革，都是因为现实社会产生了相应条件，具有了某些变动的因素。但是，并不是所有人都能及时认识和把握这些条件与因素，即使很多人把握住了，也并不是谁都有变革的勇气。毕竟，变革成功意味着希望，但失败的后果往往也非常严重。特别是变革刚开始的时候，阻力总是比动力多。因此，无论是在社会政治历史领域还是在科学技术领域，每一次变革总是少数先进分子引领的。尤其是在政治变革中，保守势力往往会做殊死搏斗以维护自身的既得利益。创造新的历史阶段的过程同时也是面临危险的过程，有时甚至要付出生命的代价。历史的变革往往是这样：社会中的先觉者最先认识到问题并在理论和实践中进行探索，进而指明方向、启发民智，人民群众在充分认识到变革的需要以及看清未来方向的情况下参与到变革中来，并成为变革的力量。正是在这个意义上，我们说人民群众是历史的创造者，是创造历史的主力军，而不是说人民群众引领了历史。

社会主义事业也是如此，人民群众是建设社会主义的主力军，没有人民群众的参与社会主义只能是一句空话。社会主义理想信念也会成为无源之水、无本之木。但是，要求所有老百姓也像马克思主义理论家那样透彻地理解社会主义理想信念的科学内涵，像共产党员那样为实现社会主义理想信念而奋斗终生甚至不惜付出生命，这不仅是不必要的，也是不现实的。中国的老百姓是最讲究实际的，数千年来，中国的老百姓都在为简单的生存而挣扎，他们勤劳、朴实，也最能忍耐。但是，他们也能够辨别善恶。他们有自己的处世哲学，有自己理解问题的方式，对于社会主义理想信念，他们也有自己的理解。革命年代，他们对红军的政治纲领是很少有什么深刻理解的，他们只知道这是一支“穷人的军队”。如今，他们也许并不知道社会主义理想信念的理论逻辑和实践逻辑，如果你问他们什么是社会主义理想信念，肯定无法得到一个精确的界定，但他们会告诉你，社会主义理想信念就是让老百姓过上好日子，这就够了。是的，过上好日子，朴素而又精妙。数十年的时间里，他们拥护中国共产党、认同社会主义理想信念的理由，就是因为他们相信，中国共产党是一个带领他们过上好日子的政党，中国特色社会主义的理想信念是让他们过上好日子的理想信念。

第三节 坚定中国特色社会主义理想信念的途径

理想信念一旦形成，就具有相对稳定性，不会轻易发生改变。但是，正如世界上没有永恒的道德一样，也没有一成不变的理想信念，特别是当前我国正处于社会转型的关键时期，社会结构、利益关系等各方面都在发生深刻变革，而现实世界的变革往往意味着思想领域的同步动荡。受多种社会思潮的影响，理想信念的坚定性更难以保持。当下有些人看重物质利益，忽视精神追求，很多社会精英过着无意义的生活。作为先锋的党员干部，也同样存在理想信念缺失、贪污腐败等问题。在这种情况下，如何坚定中国特色社会主义理想信念，成为关系到党的事业生死存亡、民族复兴能否实现的重大问题。

一、理想信念可教吗？

古希腊哲学家苏格拉底有一个很著名的论点——美德即知识，这一命题是对美德是否可教的思考。那么美德可教吗？这成为哲学和教育学领域数千年都没有解决的问题。在中国传统中，人们直接把美德可教当成预设的前提，马克思主义同样也持有“意识需要从外部灌输”的观点。

同美德是否可教一样，理想信念是否可教也是一个难题。但如果从不同的角度来看，这个难题其实也不难解决。从哲学的高度来看，一个人知道理想信念的知识，却也可能不去做符合理想信念的事。相反，一个人不知道理想信念的知识，却也可能做了符合理想信念的事。如此看来，教育并不必然导致好的后果，不教育也不必然导致不好的结果，只要有一个例外，就否定了“理想信念可教”的论断。但是，我们评价一个人有美德，绝不仅仅看他是否懂得美德的知识，而是看他是否有体现美德的行动，理想信念也是如此。而且，从现实层面来说，教育确实会带来更好的效果。这也是“美德是否可教”的悖论没有解决、世界各国教育的实践却一直进行的原因。那么，在我们国家，应该如何进行理想信念教育呢？综合看来，理想信念教育应该包括马克思主义理论教育、国史党史教育和社会思潮批判教育三大部分。

第一，马克思主义理论教育。没有科学理论的引领，就很难在迷雾叠嶂中找到前进的道路。中国之所以从百年的屈辱走向复兴，关键是因为中国共产党。而中国共产党之所以能完成近代以来无数仁人志士和其他政治力量未能完成的艰巨任务，关键是因为始终把马克思主义这一科学理论作为自己的行动指南，并坚持在实践中不断丰富和发展马克思主义。马克思主义理论是共产党做好一切工作的看家本领，党的领导人十分重视党内的理论学习。列宁认为，只有以先进理论为指南的党，才能发挥先进战士的作用；毛泽东多次给党内同志开出马克思主义经典著作的书单；邓小平强调马克思主义是朴实的道理；习近平总书记也指出，对马克思主义的学习和研究，不能采取浅尝辄止、蜻蜓点水的态度。有的人马克思主义经典著作没读几本，一知半解就哇啦哇啦发表意见，这是一种不负责任的态度，也有悖于科学精神。从历史走到今天，是因为有科学的理论指导，从今天走向未来，依然需要理论的引领。

理想信念不是凭空产生的。坚定的信念来自清醒的认识，而认识的过程需要理论的指导。理想信念的教育不是像复读机那样不断地简单宣扬社会主义好，那样除了招致反感以外没有别的什么作用，而是应该从理论的高度证明社会主义的科学性、实现这种理想的可能性和应该采取的途径。只有在理论的深刻理解中才能从现象中看到本质，才能从“山重水复”中看到“柳暗花明”，理论引领方向，又在实践中得到验证，从而形成坚定的理想信念。

第二，国史党史教育。理想信念教育不但存在“知道不知道”的问题，还存在“相信不相信”的问题，而且关键在于“相信不相信”。也就是说，理想信念教育要具有说服力，这种说服力不但来自理论自身的证明，更来自实践的证明，而历史就是过去的实践。英国哲学家培根有句名言："读史使人明智。"我国古代就有从历史中吸取智慧的传统。《资治通鉴》是一部专门主张统治者以历史的得失为鉴戒来加强统治的史学名著，书名的意思就是"鉴于往事，有资于治道"。历史是丰富的，不同的人从不同的角度可以汲取不同的营养。我们从国家的历史，特别是党的历史中，可以找到前进的动力。中国古代文明辉煌的历史，让我们有了民族的自豪感；近代以来任人宰割的屈辱历史，让我们知耻而后勇；中国共产党带领人民争取民族独立解放，进行国家建设和改革开放的历史，更让我们深刻体会到理想信念的力量。

有人对中国共产党人的理想信念表示怀疑，认为共产党取得人民的支持只是因为会做宣传工作，那么我们则建议他们去读读历史，因为历史会告诉你当时的人们是多么需要一种理想、一种希望。有人无法理解共产党人超乎寻常的革命意志，认为很多壮举在科学中无法解释，我们依然建议他们去读读历史，历史会告诉你当时有多少科学无法解释的灾难，也会告诉你有多少科学无法解释的奇迹。中国共产党人的理想信念，绝不是坐在温暖的房间里，端着咖啡侃侃而谈的先生们所能理解的；要理解真正的共产党人，就应该去问问那些沉重的历史，问问那些在贫困线上挣扎的穷苦人民。对于很多疑问，历史都是最公正、最深刻的老师。

第三，社会思潮批判教育。理想信念的教育不是在真空中进行的，必然要受到社会环境的影响。中国目前正处于社会转型的关键时期，社会结构、利益关系等方方面面都发生重大变革，而现实世界的变革往往意味着思想领域的同步动荡。由于社会的变革与分化，社会各界、各阶层在进行选择时都面临许多未知和矛盾，新自由主义、民主社会主义、民族主义、历史虚无主义、文化保守主义、后现代主义等社会思潮总能找到自己的市场，不同程度上对主流价值观念造成冲击，从而恶化了社会主义理想信念教育的社会环境，影响了教育的效果。

理想信念教育在实践中通常比较强调正面引导，重在告诉受教育者什么是对的，应该怎么做；而较为忽视对错误观点、思潮的批判，有时甚至处于失语状态。这就导致理想信念教育不能紧跟时代、紧跟实际，陷入从书本到书本的恶性循环。而且，在教育实践中，面临文化交汇、思想渗透和西方错误思潮与国内错误观点交织等挑战，往往因不懂得批判方法而失去主导权和话语权。

理想信念也是与一定的意识形态联系在一起的。马克思和恩格斯都十分重视对错误思潮的批判。1874 年恩格斯在谈到理论在社会民主主义运动中的作用时，把理论斗争提升到和经济斗争、政治斗争相同的高度，将其看作社会民主党伟大斗争的第三种形式。因此，在进行理想信念教育时，不但要学习马克思主义理论，学习国史党史，用科学的理论和历史的实践正面引领，还应该对错误思潮进行批判，在守住意识形态阵地的同时坚定中国特色社会主义的理想信念。

二、中国特色社会主义理想信念中的个人因素

在中国的传统中，个人是以一种被弱化的形象出场的。中国人不欣赏鲜明的个性，而总是追求“中庸之道”，欣赏一种整齐划一，不想做“突兀的那一个”，所以才有所谓“枪打出头鸟”的说法，才有“木秀于林，风必摧之；堆出于岸，流必湍之；行高于人，众必非之”的忌惮。这种传统成为一种生活哲学，至今仍存在于日常生活里，这种文化的结果就是个人容易被埋没在集体之中。事实上，每个人都是丰富的个体，都具有很强大的能量，特别是对于理想信念而言，没有个人的能动转化，很难形成坚定的理想信念。而这种转化的实现，既需要教育，也需要自我的学习与修炼。

也许有人会提出这样的问题——共产主义道德的核心不也是集体主义吗？社会主义国家是不是不重视个人？需要明确回答的是，在无产阶级的世界观中，集体主义的确是很重要的内容。美国新闻记者、作家埃德加·斯诺在延安采访的时候也发现，不管是革命领袖还是普通战士，他们总是过多突出集体，而很少提及个人，对于组织的事情

他们都能记住，但自己的经历却不大清楚；他们总是把功劳归结于集体的努力，而不强调个人的贡献，“共产党人是能够说出青少年时代所发生的一切事情的，但是一旦他参加红军以后，他就把自己忘在什么地方了”。所有事件对他们只有集体的意义，以至于为了了解他们个人在整个运动中的作用，斯诺不得不一次次追问[18]。但是，集体主义并不否定个人的正当利益，革命者在历史事件中归功于集体也并不意味着不重视个人的贡献。马克思主义尊重事物的客观规律，同样重视人的主观能动性。从洪荒之世到现代社会，人类文明的发展无不留下人类意识的印记，处处凝聚着人的智慧。马克思主义创始人科学地论证了“资本主义必然灭亡，社会主义必然胜利”这一命题。毛泽东合理地预见到抗日战争必然取得胜利。但这一切的发生，都不是自动实现的，中间还有一个重要环节——实践，需要人的创造精神。社会主义理想信念也是如此，人只有在实践中不断提升认识，才能不断坚定信念，最终实现理想。

提升认识一个很重要的方式就是自我学习。每个人都有自己树立理想信念的方式，承载理想信念的是有血有肉、有思想、有感情的具体的人而不是物，其具有极强的主观能动性。人在形成理想信念的过程中不是消极被动的，而是有目的、有主见、有选择、有创造的。我们当然需要教育，教育是人类文明发展进步的重要因素。人不可能每次都在黑暗中摸索，通过自己的探索获取经验知识，而是应该在前人探索的基础上不断深入，获取超出自己经验之外的东西，拓宽自身的视野，这样才能站得更高、看得更远。理想信念也是如此，离开了教育我们甚至可能不知道什么是理想，什么是信念，更无法辨别什么样的理想信念是科学的，是带领我们走向美好未来的。问题在于，对整个国家和社会来说，需要共同的理想信念以形成合力，但对于社会成员来说，理想信念又是个人的、具体的。很多人都喜欢吃苹果，但喜欢的原因却并不相同，有的人认为苹果有营养，有的人却只是喜欢苹果的味道。对于理想信念这个“苹果”而言，每个人也许会有自己的认识。只有不断加强自我学习，才能让这种认识更加丰富，更加深刻，从而也更加坚定。只有在学习过程中形成全面的认识和科学的判断，才能树立既符合社会发展规律又具有个人特点的、生动而又坚定的理想信念。

理想信念的树立，更需要主动地自我修炼。国无信不强，人无信不立。理想信念归根到底是每个人的精神追求，最终还是要落到个体身上，特别是个体的行动上。脱离了人的实践，理想信念再美好也只能是水中月、镜中花，可望而不可即。只有通过实践，才能一步步接近理想，从而更加坚定信念。近年来，网络上有这样一句自嘲的话："听过很多道理，却依旧过不好这一生。"确实如此，学习中、工作中和生活中有很多前辈会给我们苦口婆心地讲自己的经验教训，当时听着觉得很有道理，感触很深，可是真正遇到问题的时候依旧犯错，事后懊悔不已。明明有人跟我提醒过！为什么道理都懂，却仍然没用呢？因为这是别人的道理，你只是一个听众，而不是亲历者。如果自己亲身经历，在实践中得到验证，那必定会体会得更深刻。理想信念也同样如此：同样一种理想信念，不同的人有不同的坚定程度。1992年，邓小平同志在南方谈话中说，"我坚信，世界上赞成马克思主义的人会多起来的，因为马克思主义是科学"[19]。"不要惊慌失措，不要认为马克思主义就消失了，没用了，失败了。哪有这回事!"[20]邓小平同志数十年的革命生涯历经艰辛、跌宕起伏，但是在实践中他不断自我修炼，树立了坚定的理想信念，所以才有这份从容与自信。我们也是如此，只有在实践中不断修炼，才能使个人的理想追求以及对中国特色社会主义的理想信念更加坚定。

三、不能离开物质利益空谈理想信念

理想信念是属于精神领域的问题，所以给人的感觉似乎与现实的物质利益是相对的，甚至是格格不入的。小时候，我们所谈的理想大多都比较宏观，也往往都突出对国家和社会的贡献。谁要说自己的理想是过年穿上新衣服，那是要被大家嘲笑的。理想信念不能只讲眼前的物质利益，我们既不能离开现实谈理想，也要认识到理想高于现实。

存在决定意识，每一阶段的社会现实决定了理想信念的内容。人的活动不能脱离他所处的环境，不同时代、不同国家会有不同的理想信念，决定这种差别的正是特定时期的社会现实。在提及中国共产党为什么能最终带领人民建立新中国时，有一种观点认为，中国共产党的过人之处在于，很懂得发动群众，善于获得群众的支持。这种说法不能说没有任何道理，但仅仅认为中国共产党善于用马克思主义鼓动群众是极其片面的看法。确实，不论是在抗日战争中还是在解放战争中，中国共产党都让对手置身于人民群众的汪洋大海中无法脱身，中国共产党最大的力量来自老百姓的支持。但是，正如马克思所说，“理论在一个国家实现的程度，总是取决于理论满足这个国家的需要的程度”[21]。从这个角度来看，与其说是中国共产党发动了群众，不如说是中国共产党顺应了群众。老百姓深受压迫和剥削的苦难，形成了革命的因素，只是缺乏革命的意识和能力。一旦有人揭竿而起，必定能一呼百应。所以，中国共产党只是更能了解群众的需要，并能帮他们提出这种需要，带领他们实现这种需要。危难当头，举国上下都有抗日救亡的想法，中国共产党提出“抗日民族统一战线”，而当时的国民党却还在强调“攘外必先安内”，执意发动内战。当时的社会现实是国家面临危亡，民生凋敝，这决定了人们最大的愿望是实现国家解放、民族独立。谁的主张更符合人民的利益呢？显然是中国共产党。社会主义的理想信念之所以为人接受，根本上是因为它建立在人民利益的基础之上。

离开了现实的物质利益，理想信念就容易变成空想。我们讲的理想信念是社会主义的理想信念，是要实现社会主义目标的信仰，这是一种以马克思主义为主导的科学信仰。马克思主义信仰与宗教信仰最大的区别在于，马克思主义是科学的、理性的信仰，与宗教相反。马克思主义可以在实践中验证对错，而宗教只能在想象中膜拜。一句话，马克思主义因为正确而信仰，宗教因为信仰而正确。马克思主义信仰的科学性的一个重要来源就是既讲现实，也谈理想，而且是在现实的基础上谈理想，这与只在观念世界打转的其他信仰有着本质区别。一旦脱离马克思主义的科学精神，理想信念就容易变成空想，我们历史上有过这样的教训。新中国成立后，人们迫切地想改变贫穷落后的局面，上至中央，下至地方，都形成了浮夸的风气，要超英赶美，“跑步进入共产主义”，全国上下大炼钢铁、大放“卫星”，为了支援建设，老百姓甚至心甘情愿地把做饭的锅都捐给国家炼钢铁。人们的想法是淳朴的，愿望是强烈的，但“大跃进”的结果却适得其反，发人深省。

合理物质利益需求的满足是坚定理想信念的基础。古人云：“仓廪实而知礼节，衣食足而知荣辱。”在极端情况下，人可以为了理想追求而忘却眼前的实际困难，但一般情况下很难做到。脱离了物质利益带来的结果，不是过度狂热，就是极其冷淡。邓小平同志深刻地指出：“不讲多劳多得，不重视物质利益，对少数先进分子可以，对广大群众不行，一段时间可以，长期不行。革命精神是非常宝贵的，没有革命精神就没有革命行动。但是，革命是在物质利益的基础上产生的，如果只讲牺牲精神，不讲物质利益，那就是唯心论。”[22] 在进行理想信念教育的时候，如果只是向受教育者强调国家需要什么、党让干什么，而不关注他们实际需要什么、想做什么，必然难以引发共鸣和获得认同。理想信念是“上层建筑”，但不是空中楼阁，画出来的饼再好，也无法充饥。没有现实中物质利益的基础，它就不会牢固。

四、中国特色社会主义理想信念的根本底线

理想信念是思想道德领域的一种价值导向，它既源于社会现实，又超出客观实际。社会要往前进步，当然要追求崇高的理想信念，因为崇高的理想信念才能实现引领。但事物的发展从来不只有一个方向，历史的前进也是一种合力。我们不能只往高处看，还应该往低处看，看到底线。那么，作为当下中国人理想与信仰追求的中国特色社会主义理想信念，它的底线在哪里呢？

一般而言，一个人的理想信念可以简单地分为有和无两种状态。

一个人没有理想信念，也不一定就不对，因为理想信念是一种价值，而价值可以引导，却不可以强求。对于社会主义价值观念，我们没必要强求所有人都认同，但人们应该至少不反对，不去做与之相悖的事情，这就是底线。问题在于，没有理想信念的人总是容易触碰这条底线，违反党纪国法，这在领导干部中体现得尤为明显。中国共产党长期带领人民进行革命、建设和改革的历程，使其具有远远超出一个普通执政党的地位和威望。中国共产党既是工人阶级的先锋队，也是中国特色社会主义事业的领导力量。要抓住中国特色社会主义理想信念的根本底线，首先就要抓好领导干部。

首先，党员干部承担着艰巨的任务。推动历史进步的是人民大众，然而把成千上万分散的个体有效组织起来，则需要优秀的干部。革命时期是如此，建设、改革时期也是如此。斯大林说干部决定一切；毛泽东认为政治路线确定之后，干部就是决定的因素；邓小平指出党要管党，最关键的是干部问题，因为许多党员都在当大大小小的干部。当今中国，实现中华民族伟大复兴的目标离不开中国共产党的领导，也离不开党员干部的先锋模范作用。其次，党员干部面临着众多的诱惑。新中国成立后，毛泽东就曾警告党内同志要抵制“糖衣炮弹”的诱惑。改革开放后，一方面，社会主义市场经济逐步活跃；另一方面，社会利益关系更加错综复杂。党员干部由于负责一定的事务，掌握一定的资源，无疑也面临着更多的诱惑。最后，党员干部产生着巨大的影响。党员特别是领导干部的地位高、影响大，其一言一行、一举一动往往都代表着党和国家的形象，是普通群众学习的榜样，而其所犯的错误，也同样会产生较大的影响。对马克思主义的宣传教育关键不在于我们怎么说，而在于我们怎么做。绝大部分人理解马克思主义的途径并不是课堂，也不是书本，而是中国共产党，是党组织的政策，是党员的言行。这边我们教育青少年要坚定理想信念，那边一些党员却贪污腐败。长此以往，再努力地教育，我们也会在现实面前哑口无言。

正因为如此，党的十八大以来党和政府力倡全面从严治党，严厉整治贪污腐败。习近平总书记在 2015 年新年贺词中强调：“我们要继续全面推进从严治党，毫不动摇转变作风，高举反腐的利剑，扎牢制度的笼子，在中国共产党领导的社会主义国家里，腐败分子发现一个就要查处一个，有腐必惩，有贪必肃。”[23]全面从严治党就是要用党纪国法坚守理想信念的底线，同正面引导一样，这种反面惩处的方式也是纯洁理想信念的一种方式。

理想信念的动摇是最危险的动摇，理想信念的滑坡是最危险的滑坡。看国家的兴衰常看经济的发展水平，而看一个政党的衰落，则往往需要看其是否缺失了理想信念教育，是否丧失了理想信念。党在理想信念上是否坚定，看的是党员是否坚定。在由中央纪委宣传部、中央电视台联合制作的反映反腐情况的专题片《永远在路上》中，全国人大环资委原副主任白恩培忏悔道：“理想信念丢失了，精神追求没有了，突破了做人的底线，连法律的红线也触摸了，我悔恨，共产党多年培养的省委书记，怎么变成这样子!”是啊，党多年培养的干部，怎么变成了这样？白恩培自己给出了答案——理想信念丢失了，精神追求没有了。

“志不立，天下无可成之事。”不管身处什么样的时代，我们都需要一个可以相信的人，需要一件可以相信的事。在那个充满生离死别、兵荒马乱的黑暗年代，共产党人用汗水和鲜血证明了他们是可以相信的人，他们做的是可以相信的事。今天，时空转变，换了人间，他们还能不能成为那个可以相信的人？他们要做的还是不是可以相信的事？这一切，都有待于无数个党员干部用行动来证明！有人形象地把近代以来中国共产党所做的事归结为解决挨打、挨饿和挨骂的三个问题：建立新中国，实现民族独立，挨打的问题解决了。实行改革开放，大力发展经济，挨饿的问题也解决了。但是面对新环境下存在的问题和挑战，挨骂的问题是不是能很好地解决呢？要解决好这一问题，就要加强理想信念教育，重视个体的主观能动性，满足合理物质利益的同时，也做到追求崇高、坚守底线、用多方位的途径坚定中国特色社会主义理想信念，以保障我们自己能够做到人民群众心目中的最好和最爱。

习近平总书记在纪念红军长征胜利80周年的讲话中指出，每一代人有每一代人的长征路，每一代人都要走好自己的长征路。今天，我们这一代人的长征，就是要实现“两个一百年”奋斗目标、实现中华民族伟大复兴的中国梦。这个奋斗目标，是共产党人的理想信念，也是全体中华儿女的理想信念。在新的长征路上，我们要坚定中国特色社会主义理想信念。坚定理想信念，就要深入学习理论，让真理武装我们的头脑，让真理指引我们的理想，让真理坚定我们的信仰。要坚持学而信、学而思、学而行，把学习成果转化为不可撼动的理想信念，转化为正确的世界观、人生观、价值观，用理想之光照亮奋斗之路，用信仰之力开创美好未来。

注释

[1] 邓小平. 邓小平文选：第3卷. 北京：人民出版社，1993：373.

[2] 同 [1] 190.

[3] 马克思，恩格斯. 马克思恩格斯文集：第1卷. 北京：人民出版社，2009：12.

[4] 马克思，恩格斯. 马克思恩格斯文集：第3卷. 北京：人民出版社，2009：373.

[5] 同 [3] 539.

[6] 马克思，恩格斯. 马克思恩格斯文集：第4卷. 北京：人民出版社，2009：233.

[7] 同 [4] 448.

[8] 列宁. 列宁选集：第2卷. 北京：人民出版社，2012：454.

[9] 列宁. 列宁全集：第4卷. 北京：人民出版社，1984：167.

[10] 列宁. 列宁专题文集·论马克思主义. 北京：人民出版社，2009：76.

[11] 同 [9] 161.

[12] 毛泽东. 毛泽东选集：第4卷. 北京：人民出版社，1991：1515.

[13] 马克思，恩格斯. 马克思恩格斯文集：第2卷. 北京：人民出版社，2009：42.

［14］毛泽东．毛泽东选集：第3卷．北京：人民出版社，1991：1094-1095.
［15］刘建军．守望信仰．北京：人民出版社，2013：140.
［16］索尔兹伯里．长征：闻所未闻的故事．北京：北京联合出版公司，2015：250.
［17］同［1］137.
［18］斯诺．红星照耀中国．北京：人民文学出版社，2016：116.
［19］同［1］382.
［20］同［1］383.
［21］马克思，恩格斯．马克思恩格斯选集：第1卷．北京：人民出版社，2012：11.
［22］邓小平．邓小平文选：第2卷．北京：人民出版社，1994：146.
［23］国家主席习近平发表二〇一五年新年贺词．人民日报，2015-01-01.

The Ideal and Faith of the **Chinese**

第五章

共产主义的远大理想与崇高信仰

5 共产主义的远大理想与崇高信仰

近代以来，马克思主义开始在中国广泛传播。中国共产党创造性地将马克思主义的基本原理与中国实际结合起来，形成了系列马克思主义中国化的理论成果，成功地带领中国人民实现了中国革命、建设和改革的伟大胜利，为中国人信仰共产主义与追求共产主义提供了良好的历史条件和文化土壤。共产主义经过这一历史时期的沉淀，已然内化为中国人特别是中国共产党人心目中的远大理想与崇高信仰，已然成为中国文化乃至中国精神的重要组成部分。那么什么是共产主义理想与信仰？党员干部为什么一定要树立共产主义理想与信仰？中国共产党成立以来我们又是如何为共产主义而奋斗的呢？对中国人而言，这些问题直接关涉我们是谁、我们该如何做以及我们将走向何处等最为根本的问题。

第一节　共产主义理想与信仰的真实内涵

共产主义承载着人类有史以来的一切美好的社会理想以及为了实现美好的社会理想所产生的思想体系和实践历程。实现共产主义作为中国共产党的最高理想，成为中国共产党成立以来凝聚中国人、团结全民心的重要思想基础，它鼓舞一代又一代仁人志士在革命、建设和改革的历史进程中不懈奋斗。然而，在当今时代，我国正处于社会思潮日益多元和经济体制深度转型的特殊历史时期，共产主义理想与信仰开始受到越来越多的指责与诘难，一些人将共产主义视为一种空想甚至怀疑共产主义的科学性。为此，我们有必要准确地阐释共产主义理想与信仰的真实内涵，使真理冲破乌云的遮蔽。

一、早期的共产主义思潮

要了解一种思想，首先就要了解这一思想的历史源头。共产主义一语最早出现在 18 世纪法国空想社会主义者和工人群众的用语中。然而，共产主义思想却可以追溯到 16—17 世纪一些杰出的思想家与社会活动家对人类社会的美好理想与对理想的社会制度的想象与描写中。1516 年，英国人托马斯·莫尔写成了《乌托邦》一书，这部著作作为早期共产主义思想的开山之作，向人们描述了一个全民参加劳动、所有居民共同占有社会财富、实行按需分配、人人重视学术研究和国民教育的理想社会。1623 年，意大利哲学家康帕内拉在狱中写成了《太阳城》一书，进一步设想了共产主义正义制度的问题。他向世人描摹了一个完全废除了私有财产、由社会组织生产和分配、公民普遍受到社会劳动教育并从事义务劳动的正义社会。1775 年，法国思想家摩莱里出版的《自然法典》一书，明确指出私有制是产生一切社会罪恶的根源，要建立一个没有剥削、没有压迫、全体社会成员在财产和社会地位方面一律平等的社会，就必须坚持共产主义的基本原则，即消灭生产资料私有制度、消灭剥削、反对建立在财产私有制度上的一切社会关系。在摩莱里之后的 18 世纪，还出现了马布利和巴贝夫等抱有共产主义思想的人物，尽管他们阐释的关于理想社会的思想各有侧重点，但是他们都对人民群众尤其是底层的工农阶级抱有极大的同情，主张限制或废除导致财产不均和贫富悬殊的资本主义私有制，改变资本主义背景下社会不公、道德沦丧的现状，最终实现社会成员的地位平等与人身自由。

19 世纪，伴随着工业革命的发展和资产阶级民主革命的兴起，资本主义的迅猛发展不仅创造了前所未有的物质财富，同时也造成了日益激化的社会矛盾。无产阶级的悲惨境况，让人们直接地感受到资本主义社会的巨大缺陷，这种社会现实促进了 19 世纪共产主义思潮的充分发展，形成了以法国的圣西门、傅立叶和英国的欧文为代表的三大空想社会主义理论。

在《论实业制度》《实业家问答》《论文学、哲学和实业》《新基督教》等阐述社会主义思想的名著中，法国人圣西门对资本主义社会进行了尖锐的批判。他指出资本主义制度本质上是一种新的压迫制度：统治阶级的严重剥削和利己主义本质，直接导致了无产阶级的物质生活和精神生活的悲惨境地，“三权分立”并不能改变统治者向人民征收难以承受的苛捐杂税的现实，利己主义使人们“道德沦丧”“精神低下”“贪得无厌”，从而使得整个社会分裂和瓦解；资本主义社会是一种过渡性的社会形态，是封建制度和未来社会制度之间的“中间的和过渡的体系”，并不是一种自然的永恒社会制度。当资本主义制度阻碍社会发展的脚步时，它也就失去存在的基础，必然要被新的社会形态所代替。取代资本主义的，将是使人们享有最大自由、使社会得到最大安宁的最美好的社会制度——“实业制度”，其最高权力机构是最高科学委员会和最高行政委员会，其中：最高科学委员会由最有才能的学者组成，主管科学、文化和教育事业；最高行政委员会由最优秀的实业家组成，掌管行政、生产和财政工作。圣西门提出由人民选举产生领袖、领袖与人民群众是平等的、领袖只是为公共利益服务的社会管理人员、实业制度实行集体领导、人人都要劳动等一系列主张，来保证实业制度的领导者为无产阶级谋福利。此外，需要指出的是，圣西门在《一个日内瓦居民给当代人的信》中首次提出了阶级斗争的思想。

法国人傅立叶对资本主义批判的范围要比圣西门更加广泛，也更尖锐。他将人类以往历史划分成蒙昧制度、守法制度、野蛮制度和文明制度等四个时期，进而将文明制度的历史分为奴隶制度、封建制度、商业无政府状态和商业封建主义等四个阶段，其中商业无政府状态阶段和商业封建主义阶段结合起来相当于资本主义社会。他认为在资本主义制度下，人们的命运远逊于蒙昧时代，无产阶级实际上已经成为“社会契约”的牺牲品，对资本主义制度罪恶的深入观察，使他怀疑整个资本主义制度的合理性，得出了政治理论研究的目的不在于改善资本主义制度而在于消灭这个制度的结论。为此，他从人的精神活动的全面发展出发，设想了美好的共同社会理想，即以“法郎吉”为基本单位的“协调制度”作为人类的未来社会。在未来“协调制度”下，旧式社会分工和城乡差别被消灭了，人能按照自己的喜好自由自主地选择各种劳动，劳动不再是出于经济上的强迫，而成为一种促进人生乐趣的条件。

欧文生活在大机器生产高速发展的英国，因此对资本主义私有制认识得也较为深刻。相比于圣西门、傅立叶，他对资本主义私有制进行了全面系统的批判。他指出，私有制一直都是人们犯下无数罪行和遭受无数灾祸的原因，更是一切阶级之间斗争的永久性根源，私有制使人变成恶魔，使人间成为地狱。进而，他主张废除私有制，呼吁人人都有劳动的平等义务和获得产品的平等权利，明确提出了财产公有的共产主义原则，在社会主义思想史上首次把生产资料公有制和现代化大生产联系起来，提出在公有制基础上有计划地进行现代化大生产，以适应生产力发展的要求。在他所提出的"合作公社"思想中，还包含着消灭工农差别、城乡差别、脑力劳动和体力劳动差别的思想萌芽。此外，他还预言在新社会中人与人之间将结成新的互助关系。人们通过教育成为德、智、体、行全面发展的新人，社会将取消商品交换，国家也将不复存在。

可以说，16—19 世纪的早期共产主义思潮，虽然未曾有无产阶级解放斗争的实践，也无法得到科学的论证，但他们对未来社会的天才设想却为马克思和恩格斯最终发现共产主义原理提供了重要的思想资源。

二、马克思对旧共产主义思潮的批判

在人类历史上，共产主义思潮一般都是以强烈地批判历史上一切不公正的社会制度，尤其是资本主义社会制度，并设想未来出现一个公正的理想社会为政治主张。但是在如何反对不公正社会，进而建立一个理想社会的问题上，不同的共产主义思潮采取了不同的思想路径，导致了各种非马克思主义的共产主义思潮存在严重的粗陋性和空想性。系统地分析马克思对粗陋或空想的共产主义思潮的批判，有助于我们更准确地理解马克思主义的共产主义理想与信仰。

纵观马克思主义思想史，马克思在形成自己的共产主义学说的过程中批判了四种旧的共产主义：一是不否定私有财产只否定劳动组织形式的共产主义，这种共产主义不主张完全消灭私有制，而认为只要改变了劳动的组织方式，就可以去掉私有财产的有害性，就可以在保存私有财产的条件下去解决关于平等和社会幸福的问题；二是一开始明确地要求否定私有财产，却将公有制只看成物质财富在一切社会成员中平均分配的共产主义，这种共产主义是从私有财产本身出发的、对社会生产力的发展要求的一种否定，是还没占有私有财产的人对已经享有私有财产的人的忌妒，其实质不过是要求私有财产关系的普遍化；三是按政治性质划分民主的或专制的共产主义，这种共产主义脱离了生产力的发展，忽视了私有制的本质，企图单纯地依靠政治手段来实现人的平等和社会公正；四是主张废除国家的，但同时是尚未完成的，并且仍然处于私有财产制度，即人的异化的影响下的共产主义，这种共产主义虽然已经把个体理解为其向自身的还原或复归，理解为人对自我异化的扬弃，但是它还是受私有财产的束缚。通过分析，我们既可以看到马克思的共产主义思想与旧共产主义思潮的差异，又可以看出当今社会对马克思的共产主义思想的误读。

其一，忽视生产力发展的旧共产主义，不是马克思主义的共产主义思想。在《1844年经济学哲学手稿》中，马克思对法国最初的共产主义中那些不顾历史发展的实际和人类文明成果，一味强调平等的平均主义思想提出了严厉的批判。他指出这是一种粗陋的共产主义，是反对社会生产力发展、逆历史潮流而行的反动思潮。这种旧共产主义思潮集中体现在法国学者库尔南《论财产，或理智、正义和真理的法庭上所维护的穷人的产业》一书中。在这一著作中，他认为要实现社会平等和人们的普遍幸福，须靠自己的劳动，靠自己耕种的土地上的果实为生。人们只享用最必需的东西，穿着自己所织的粗布做的衣服，安于粗茶淡饭乃是自然的规律。因此，要消灭一切扰乱人们朴素而温馨的生活、把人引入歧途、导致人的物欲膨胀、造成人与人之间的竞争以及社会不平等的科学、艺术和脑力的创作物。尽管这种旧共产主义思潮对私有制社会导致的不公正、不平等表现出极大的愤慨，并提出克服不合理的私有制社会，建立公正、平等的理想社会的主张，但是，它以前资本主义时期不发达的小生产状况为思考基点，以原始平均主义为理论基石，企图在排斥生产力发展的基础上建立一个人与人完全平等的社会，因而表现出了极大的落后性、狭隘性和愚昧性。它与马克思所说的建立在生产力极大发展、社会财富充分涌流基础上的共产主义相比，显然具有极大的矛盾性和不现实性。

其二，以绝对平均主义为价值旨归的旧共产主义，绝不是马克思主义的共产主义思想。以绝对平均主义为价值旨归的旧共产主义，以不发达的社会状况为基础，把平等理解为平等地分配现有的物质财富和精神财富，主张把现有的社会财富平均分配给每个人，不允许人与人之间存在差别，而对于难以分配的财富则倾向于消灭。然而，在人类社会中，许多财富，如金字塔、长城等，是属于社会整体的，它们不可能像一般的消费品那样被绝对平均地分配给每个人。在实践中，这种旧共产主义理论，只会严重地打击人民群众参加劳动的主动性和创造财富的积极性，造成对社会财富的破坏，进而导致生产力的衰退，形成普遍贫穷的均等社会。这种“共产主义”不仅没有看到私有财产在社会化大生产时代来临之前所发挥的积极作用，还忽视了私有财产在历史发展进程中对人的自由全面发展的限制，其实质上是对以自然经济为基础的封建社会农民阶级平均思想的继承，只能导致物质上的禁欲主义和精神上的虚无主义，甚至成为荒诞社会闹剧的思想资源。可以说，在生产力尚未充分发展、社会财富还未充分涌流的历史条件下，绝对平均主义社会只能是一个供人遐想的乌托邦。它与马克思主张的在社会生产力实现巨大发展的基础上扬弃私有制的共产主义学说相矛盾，不能代表人类社会的发展方向。

其三，单纯在政治生活中扬弃私有财产的旧共产主义，不是马克思主义的共产主义思想。这种旧共产主义思想主张在国家政治生活中扬弃私有财产，使人们的政治权利摆脱私有财产的限制，换句话说，就是人们应当撇清政治生活和私有财产的关系，私有财产不应当成为人在政治生活中享有某种权利的条件。做到这一点，既可以在保持国家存在的前提下进行，例如，路易·勃朗主张通过议会制国家来建立社会主义；又可以采取一种极端的形式，即直接要求废除国家，把人从国家生活中解放出来，比如，蒲鲁东主张实行废除国家的无政府主义。诚然，在政治生活中否定私有财产毫无疑问构成了一种解放——政治解放，是人的解放的一个历史阶段，具有重要的历史进步价值，但是，这种解放并没有让市民社会中的人的生活摆脱私有财产的限制，并没有改变私有制社会中人与人之间的权利的真实的不平等状态，无法实现人的真正的解放。可以说，单纯在政治生活中扬弃私有财产的旧共产主义最终没能找到扬弃私有财产、扬弃人的异化、实现人对人的本质的真正占有的人类历史发展道路。

三、马克思所谓共产主义理想的真实内涵

在马克思的共产主义理论中，共产主义理想既包含着一种理想的社会制度，又包含着为实现这一理想所形成的思想体系和所展开的实践运动。那么，该怎样准确理解马克思所提出的共产主义理想的真实内涵呢？我们仍需要对此进行分析和说明。

（一）在马克思主义理论中，共产主义理想是一种理想的社会制度

尽管马克思本人从未对人类未来历史上最进步、最合理、最美好的共产主义社会做出全面具体的描述，但是，他却在 1875 年《哥达纲领批判》中明确提出了共产主义社会按其成熟的不同程度可分为“第一阶段”和“高级阶段”，并对共产主义社会高级阶段的基本特征做了如下概括：“在共产主义社会高级阶段，在迫使个人奴隶般地服从分工的情形已经消失，从而脑力劳动和体力劳动的对立也随之消失之后；在劳动已经不仅仅是谋生的手段，而且本身成了生活的第一需要之后；在随着个人的全面发展，他们的生产力也增长起来，而集体财富的一切源泉都充分涌流之后，——只有在那个时候，才能完全超

出资产阶级权利的狭隘眼界，社会才能在自己的旗帜上写上：各尽所能，按需分配！”[1]据此，我们可以大体概括出共产主义社会的基本特征：

一是生产力高度发展，社会产品极大丰富，并在此基础上实行生产资料共产主义全民所有制。生产力高度发展，社会产品极大丰富，是共产主义社会的物质基础，它不仅包含劳动者科学技术知识与劳动熟练程度的极大提高，以及个人才能的全面发展，还包括劳动工具的不断革新和现代科学技术在生产部门的广泛运用，并在此基础上建立共产主义全民所有制。需要指出的是，共产主义全民所有制与我国社会主义初级阶段的公有制存在着明显的区别：它不再具有某种集体所有的因素，而且各个生产单位不再为其特殊的局部利益而生产，而是为了满足整个社会的物质文化生活需要而生产，并且全民所有制将随着国家的完全消亡彻底摆脱旧的国家所有制形式，采取新的全社会所有制形式。可以说，实现共产主义全民所有制的根本条件，就是生产力的高度发展，离开了生产力这一物质基础，实现共产主义全民所有制就只能是一种空想。

二是在个人消费品的分配方式上采取“各尽所能，按需分配”的基本原则。这里所谓“各尽所能”，就是社会成员尽自己能力为社会进行无报酬的劳动和工作。同社会主义社会相比，这种劳动不是为了履行一定的义务，不是为了享有取得某种产品的权利，不是按照事先约定的法定额度进行的劳动，不再是社会成员谋生的手段，而是自愿的、无定额的、没有报酬条件的劳动，是为了公共利益的自觉主动的劳动，是生活的第一需要和身体的自然需求。所谓“按需分配”，是说共产主义社会将确保满足每个社会成员的个人消费品的需求，不仅要满足人们的物质生活需要，而且要保障人们的文化生活需要，以促进人的自由个性的全面发展。人们的劳动不再作为分配劳动成果的尺度，人们在消费方面的任何不平等和特权将被彻底消除，人们将根据需要自由地获取物质财富。当然“各尽所能，按需分配”的基本原则要求有一定的物质条件和精神条件，否则它只能造成绝对的平均主义，甚至阻碍生产力的发展。

三是共产主义社会实现了人的自由全面发展，在那里每个人的自由发展是一切人的自由发展的条件。就人的劳动能力而言，共产主义是建立在社会化大生产基础之上的社会形态，随着全部生产走上机器大工业的发展轨道，共产主义的生产必然由拥有高技术水平的全面发展的劳动者来操作，那时，每个社会成员都将从旧的社会分工的束缚下彻底解放出来，成为既能从事体力劳动又能从事脑力劳动、既能做这样的工作又能做那样的工作的全面发展的共产主义新人。工人和农民、城市和乡村、脑力劳动者和体力劳动者之间的本质差别，也将随着社会生产力高度的发展与人们物质、精神生活条件的提高而最终消失。就人的思想觉悟和道德素质而言，人们突破了私有制基础上的利己主义本质，普遍具备辩证唯物主义和历史唯物主义的世界观，习惯于遵守公共生活的基本规则，自觉地维护公共秩序和尊重社会公德，具有全心全意为整个人类服务的精神追求和为社会造福而不计报酬的劳动态度，体现出高度的共产主义思想觉悟和道德品质。

四是在共产主义社会，阶级将彻底消灭，国家将完全消亡。我们说共产主义社会将是一个阶级彻底被消灭和国家完全消亡的新的社会形态，那么什么是阶级的彻底消灭？国家消亡之后是否还存在公共组织呢？在我们看来，所谓阶级的彻底消灭，不仅意味着彻底消灭一切剥削阶级及其残余，而且要消灭一切阶级差别，此后，取代人们之间阶级关系的将是人和人之间团结合作、自由平等的新型社会关系。同阶级的消灭相比，国家的消亡将是一个漫长而非短暂跨越的、自行而非强力废除的过程，这个过程将随着阶级的彻底消灭和按需分配取代按劳分配而结束，国家政权对社会关系的干预将先后在各个领域中成为多余的事情而自行停止下来。取代政治国家的将是一个没有国家的劳动者自由平等的联合组织，这个联合体虽然还具备公共事务的管理职能，但它不具备阶级性质，它不是对人的统治机器，而是对物的管理和对生产过程的领导组织。

（二）在马克思主义理论中，共产主义理想是一套严整的思想体系

我们讲马克思主义的共产主义理想是建立在科学的基础之上的，其原因就在于它首先是一种科学的思想体系。这一思想体系是马克思和恩格斯运用辩证唯物主义和历史唯物主义的世界观，从生产力与生产关系的矛盾运动出发，对人类社会历史发展规律的精辟分析基础之上的科学预见，进而体现为一系列的精神理念以及遵循与践行这些精神理念的过程。

实现人的解放是共产主义理想的最基本的价值追求。实现人的解放是马克思主义的理论主题，也是共产主义理想信念的基本内容。马克思所讲的人的解放与资产阶级人本主义主张的人的解放就是实现人性的复归存在着本质上的不同，他将人的解放建立在物质生产发展的坚实基础上，人的解放是一种历史活动，不是遥不可及的目标，也不是乌托邦式的空想，而是由一个劳动者阶级主导的历史的实现过程。根据一些学者的观点，共产主义社会实现人的解放主要包含三个方面：一是人生活在社会中，要受到自然界的束缚和压迫，马克思主义的自然观实际上就是让我们正确看待自然，摆脱自然的奴役和压迫，使人成为自然界的主人；二是人生活在社会中还要受到社会的奴役和压迫，马克思主义历史观就是让我们正确看待社会，摆脱社会的奴役和压迫，使人成为社会的主人；三是人生活在社会中还要受到自身的束缚和压迫，马克思主义的人学观和认识论就是让人正确认识人自身，认识人的精神、本质、价值和作用，理解人的认识产生和发展规律，从而摆脱自己对自己的束缚和压迫，使人成为自身的主人——自由的人。

坚持集体主义的基本原则是共产主义理想体现在现实生活中的最根本的理念。以个人利益为核心还是以集体利益为核心来衡量人生价值，是资本主义社会与共产主义社会的两种根本不同的价值观。资本主义社会中的个人主义是建立在生产资料私有制基础之上的个人利己主义，社会主义社会的集体主义则更多地体现为社会占有生产资料，

是一种公共精神。同时，马克思主义所倡导的集体主义原则与中华民族自古以来士大夫阶层所追求的家国情怀具有某种契合性，中国社会主义社会乃至共产主义社会中的集体主义原则，作为整个社会的价值导向和道德原则，是同人民群众的整体利益相一致的，它并不是要反对个人利益，而是在尊重和发展个人利益基础上实现个人利益与集体利益的统一。

坚持全心全意为人民服务的根本宗旨是共产主义理想中最为可贵的精神品质。从信仰的角度来看，“人民”是共产党人的信仰对象之一，而且是最高最重要的信仰对象，是共产党人服务和献身的对象。马克思和恩格斯在《共产党宣言》中曾明确指出，“过去的一切运动都是少数人的或者为少数人谋利益的运动。无产阶级的运动是绝大多数人的、为绝大多数人谋利益的独立的运动”。中国共产党之所以能够取得新民主主义革命以及社会主义革命、建设和改革的伟大胜利，就是因为它能够为绝大多数老百姓谋得福祉，为人民服务。同样，在我国继续解放生产力和发展生产力，继续实现人民群众的经济解放、政治解放和精神解放的时代背景下，社会成员只有普遍地秉持为人民服务的精神理念，坚持人民至上的基本原则，才能构建起物质文明、政治文明、精神文明、社会文明和生态文明高度发达，人民自由、平等、幸福的社会主义这一共产主义的前提。

（三）在马克思主义理论中，共产主义理想是一种现实的社会运动

实现共产主义理想与社会制度是我们的崇高理想，然而，共产主义理想和制度并不是一朝一夕就能实现的，而是只有通过共产主义运动才能逐步实现。马克思和恩格斯对此保持着高度的清醒，他们在《德意志意识形态》一书中明确指出：“共产主义对我们来说不是应当确立的**状况**，不是现实应当与之相适应的**理想**。我们所称为共产主义的是那种消灭现存状况的**现实的**运动。这个运动的条件是由现有的前提产生的。”[2]那么为什么共产主义运动是实现共产主义理想的必由之路呢？主要包含三个原因：一是资本主义制度的灭亡和共产主义制

度的产生需要依靠无产阶级率领广大劳动人民进行长期的解放生产力和发展生产力的历史实践；二是消灭资本主义制度和一切剥削制度必然会遇到资产阶级和一切剥削阶级的反抗，为此需要无产阶级与之进行长期的、反复的较量，直到消灭一切阶级为止；三是建成新型的共产主义社会制度需要无产阶级在长期的斗争中不断锻炼、改造、发展、提高，使自己成长为共产主义的创造者。需要指出的是，共产主义不是人类历史的终结，它是人类史前史，即人被压迫被奴役的历史的终结，同时也是真正的人类历史，即实现了人的解放的历史的开端。

我们强调共产主义的现实性，强调共产主义是一种运动过程，其意是指，共产主义既不在天边，也不在物外，当下改变和消灭现存一切剥削制度和一切违背人类自由、平等精神的现实运动就是共产主义。如果没有现实运动作底衬和依托，单纯的共产主义理想就无从实现，因而也就没有任何实际意义。然而，长期以来，我们的理论宣传和实际工作存在着一种错误倾向，即将共产主义的现实斗争与共产主义的未来割裂开来，要么把共产主义束之高阁，推向遥不可及的未来，要么忘记共产主义理想和目标，抛却共产主义情怀，把当下的工作实践看作与共产主义无关的事情。

既然共产主义理想也是一种现实的社会运动，那么，我们当前的一切解放生产力和发展生产力的工作，反对一切建立在私有财产基础上的剥削制度和阶级压迫，以及争取人的自由全面发展的斗争都未远离共产主义，都是实现共产主义必不可少的步骤和举措。因此，共产主义并不陌生，它离我们也并不遥远，它就在我们的身边，在现实的生活和日常实践中。要努力工作，积极实践，而不要好高骛远，空等未来；要始终保持共产主义的操守和情怀，坚持共产主义的理想和风格。这就是在干共产主义事业。正如习近平总书记所言：“我们既要坚定走中国特色社会主义道路的信念，也要胸怀共产主义的崇高理想，矢志不移贯彻执行党在社会主义初级阶段的基本路线和基本纲领，做好当前每一项工作。”[3]

第二节　党员干部为什么一定要有共产主义的理想与信仰

在马克思主义语境中，工人阶级是实现人的解放的物质力量，中国共产党是中国工人阶级的先锋队，树立共产主义远大理想与崇高信仰是中国共产党的先进性的集中体现。坚定的共产主义理想与信仰，是马克思主义政党团结人民群众，不断取得革命、建设和改革胜利的思想基础。为此，党的十八大以来，习近平总书记曾多次强调，“坚定理想信念，坚守共产党人精神追求，始终是共产党人安身立命的根本。对马克思主义的信仰，对社会主义和共产主义的信念，是共产党人的政治灵魂，是共产党人经受住任何考验的精神支柱”[4]。

一、加强党员干部共产主义理想与信仰建设的紧迫性

对于共产党员特别是党员领导干部而言，如何树立社会主义和共产主义信念就成为当前党的建设中一个极为重要又十分紧迫的问题。

近几年，在我国查处的重大领导干部贪腐的案件中，许多腐败分子都曾参与封建迷信的活动，这暴露出“官场迷信”的现象，发出了共产主义理想信念严重动摇的危险信号。这方面的典型案例也屡见不鲜。例如，河北原省委常委、常务副省长丛福奎曾找到一个寺庙的住持给他算命，说他将有从省长、省委书记到国务院领导的三次高升。为了得到“神”的保佑以使升迁顺利实现，丛福奎遍访名山，周游名刹，同时在家中设佛堂、供佛像、烧香、念经、打坐、拜佛，为了得到神的保佑，在被褥底下铺佛令，枕头底下压道符。最后，“大仙”没能保他升官，他反而因收受贿赂共计人民币 936 万余元而被判处死刑，缓期两年执行，剥夺政治权利终身。又如，四川省原省委副书记李春城为了“保平安”，每进山门必烧香、拜佛、求签，他不惜花费

巨资将亲人坟墓迁往四川都江堰，并请风水先生做道场。此外，在一个重大投资项目接连出现问题后，李春城也曾安排道士作法驱邪。最后，他因为以权谋利，收受巨额贿赂，大搞封建迷信活动，被开除党籍，开除公职，判处有期徒刑 13 年，没收个人财产 100 万元，成为党的十八大之后首个落马的省部级官员。

同时，拜金主义和个人主义也不断在党员领导干部中蔓延。改革开放以来，我国社会生产力取得飞速发展，人民群众的生活水平得到大幅度提高，这些是与我们良好的经济秩序、与广大从业者的诚实劳动和合法经营分不开的。但不容否认的是，拜金主义思想也随着经济发展而滋长、泛滥开来，一些领导干部丧失了艰苦奋斗的基本品质，官欲恶性膨胀，少数领导干部中甚至出现了铺张浪费、奢靡享乐的现象。他们攀比生活享受，衣着赶时髦，吃喝讲排场，住行要档次，经常出入高级娱乐场所，甚至沉溺于灯红酒绿，追求低级趣味，对党的形象造成了极大的破坏。中央纪委监察部所公布的数据表明，2007 年 11 月至 2012 年 6 月，全国纪检监察机关共立案 64.3 万余件，结案 63.9 万余件，给予党纪政纪处分 66.8 万余人[5]，严肃查处了一批大案要案。可以说，一些贪官是受过党多年教育的高级干部，变得贪婪和堕落，与他们丧失共产主义理想信念不无关系。共产主义理想信念对于防止堕落，是一种伟大而高尚的力量。

二、加强党员干部共产主义理想与信仰建设的必要性

树立共产主义理想与信仰是党的战斗力和凝聚力的重要源泉，是中国共产党在革命、建设和改革的重要关头，战胜困难，走向胜利的伟大的精神力量。丧失共产主义信仰，不仅会破坏党在人民群众中的美好形象，动摇党的执政基础，而且会造成党内的思想混乱，削弱党的力量，最终引起党的性质的变化。可以说，从正反两个方面的基本经验看，加强党员领导干部理想与信仰建设具有充分的必要性。

2016 年，中央电视台综合频道在黄金时段播出了名为《绝命后

卫师》的电视剧，该剧向我们重现了这样一段历史：1934 年长征初期，在湘江战役中为了突破国民党军第四道封锁线，中央红军的后卫部队红五军团第 34 师为保证中央机关顺利通过湘江，死守阵地，与数十倍于红军的国民党军队浴血奋战，在完成中央交代的掩护主力部队和中央机关顺利渡过湘江的战略任务后，红 34 师被重重包围，最后全师 6 000 余人除数人幸存外全部壮烈牺牲。在这段历史剧中有很多催人泪下的情节，其中最难以忘怀的是该师师长陈树湘的一句话：我们红军是为穷苦人民打天下的队伍，我们作为后卫师就是要将生的希望留给别人，将死亡留给自己。最触动人心的情节，是陈树湘师长伤重被捕后，没有向敌人卑躬屈膝，而是用手撕开自己腹部的伤口，把自己的肠子掏出来拧断，壮烈牺牲。人的生命只有一次，谁不爱惜自己的生命？可为什么还有那么多红军战士，那么多优秀共产党员前仆后继、义无反顾，把宝贵的生命献给革命事业？其根本就是源于对党的事业的无限忠诚，源于共产主义的远大理想和崇高信仰，正是这种信仰的力量使红军能够突破艰难险阻，爬雪山过草地，使中国共产党最终成为一支不可战胜的力量，带领中国人民攻坚克难，取得了革命、建设和改革的伟大胜利！这就是信仰的力量，这种力量正如方志敏烈士在他的遗著《可爱的中国》中所说的："敌人只能砍下我们的头颅，决不能动摇我们的信仰！因为我们信仰的主义，乃是宇宙的真理！为共产主义牺牲，为苏维埃流血，那是我们十分情愿的啊！"

那些抱着坚定的共产主义理想与信仰流血牺牲的革命先烈值得我们后人铭记，那些几十年如一日研究、阐释与宣传马克思主义的理论家，也同样值得我们学习和称赞。《共产党宣言》这部著作大家都很熟悉，然而一些人并不了解第一个《共产党宣言》中译本的译者陈望道以及关于他翻译《共产党宣言》的故事。1919 年底，参加完五四运动的陈望道毅然返回故乡义乌分水塘村，着手翻译马克思和恩格斯合著的《共产党宣言》。翻译这本书时发生了一件十分有趣的事情：陈望道的母亲为他准备了一碟红糖蘸粽子，三番五次在屋外问他红糖够不够，他说"够了，够了"。但当他的母亲进来收拾碗筷时，却发现儿子的嘴上满是墨汁，原来陈望道是蘸着墨汁吃掉粽子的。陈望道正是凭借对共产主义的坚定信仰，才能在家宅旁一间破陋的柴屋里，克服种种困难，夜以继日地翻译《共产党宣言》。陈望道的《共产党宣言》中译本对当时传播马克思主义影响巨大。从 1920 年 8 月至 1926 年 5 月，《共产党宣言》中译本前后印行 17 版，深受读者欢迎，不计其数的知识青年和革命志士正是在阅读了《共产党宣言》中译本之后，才形成了唯物主义世界观愿景，树立了共产主义理想与信仰，进而走向苏区，加入红军，它客观上促进了中国革命的胜利。这就是信仰的力量，这就是理论的力量，理论工作者和为革命牺牲的实务者一样，需要一种使命感和责任感，而这种使命感和责任感同样会转化为推动共产主义事业的动力。

1991 年 12 月 25 日，苏联国旗从克里姆林宫上空缓缓降下，苏维埃社会主义共和国联盟宣告解体。人们不禁要问，是什么原因导致了苏联解体呢？诚然，苏联解体是一系列原因综合作用的结果，但究其根源，是苏联共产党与苏联人民动摇了共产主义远大理想与崇高信仰。共产主义理想与信仰的丧失直接造成了苏联意识形态防线的彻底崩溃，一些政客趁机诋毁苏联共产党，在“反思历史”和“去苏共化”面具的掩盖下，不断质疑甚至反对社会主义制度和马克思主义指导思想，进而导致了苏联解体。

苏联解体给苏联人民带来巨大的灾难。根据俄罗斯科学院远东所研究员弗·鲍罗季奇在 2004 年 9 月提供的统计数据，从 1991 年苏联解体到 20 世纪末，俄罗斯国内生产总值同 1990 年相比，下降了 52%，而 1941—1945 年的“卫国战争”期间仅仅下降 22%；1991—2000 年工业生产减少了 64.5%，农业生产减少了 60.4%；卢布大幅贬值，物价飞涨 6 000 多倍[6]。正如俄罗斯科学院院士米·列·季塔连科所言：“苏联解体是 20 世纪最大的悲剧之一，这可以从很多角度看：从文明角度看，这是文明的倒退，也是整个世界的倒退。这给居住在苏联境内的各民族带来巨大的苦难，使这些民族的发展进程倒退了几十年。”2011 年 10 月，季塔连科在俄会见中国哲学社会科学家赴俄考察团时进一步指出："苏联解体至今，除哈萨克斯坦仅仅恢复到解体前的1989年的生活水平外，苏联所有加盟共和国都没有达到苏联时期的生活水平。俄罗斯迄今为止有30%的公民生活在贫困线以下。"苏联解体除了给苏联人民带来巨大的经济损失外，还引发了一系列地缘政治冲突，令苏联部分加盟共和国爆发了战争，同时也给国际共产主义运动带来了深重的灾难；从历史的基本经验看，当广大党员尤其是党员领导干部深度信仰共产主义时，共产党就有力量，国家就有希望，人民群众就能够团结在党的周围，与共产党一起战胜困难，共产党不仅能够取得政权，而且能够把国家建设好、发展好；当广大党员尤其是党员领导干部丧失共产主义信仰时，共产党就会失去思想基础，就会远离人民群众，进而丧失执政基础，最终酿成亡党亡国的悲剧。

三、加强党员干部共产主义理想与信仰建设的重要性

党员领导干部是党的路线方针政策的重要执行者，他们是否具有共产主义理想与信仰，不仅在整个党员队伍中具有较强的示范作用，而且也影响着党在初级阶段的奋斗目标能否顺利实现。毛泽东说："政治路线确定之后，干部就是决定的因素"。为此，习近平总书记也教导我们，"共产党员特别是党员领导干部要做共产主义远大理想和中国特色社会主义共同理想的坚定信仰者和忠实践行者"[7]。

第一，树立共产主义的远大理想与崇高信仰，才能产生正确的思想和意识。信仰是一个人的精神内核，理想建立在信仰的基础之上，可以说人们的信仰与理想决定着人们的思想状况和自我意识。错误的信仰和理想产生错误的意识与实践，科学的信仰和理想产生正确的意识与实践。党员领导干部是在复杂的社会环境中进行活动的，复杂的社会环境中充斥着各种信仰体系，如宗教信仰、商品拜物教信仰和共产主义信仰等，这些信仰体系的交织状况冲击着党员领导干部的共产主义信仰。我们说，共产主义理想与信仰是建立在对人类社会发展规律的科学认知基础上的科学信仰，社会主义代替资本主义并最终走向

共产主义社会是人类历史必然的发展路径，因此，树立共产主义理想与信仰有利于党员领导干部形成正确的思想和意识，形成对封官许愿、酒色逸乐等错误意识的免疫能力，是其开展工作和团结群众的精神力量。

第二，树立共产主义的远大理想与崇高信仰，是衡量党员领导干部政治素质的核心标准。我们经常说没有远大理想，就不是合格的共产党员。领导干部要有较高的政治素质，政治素质应该包括哪些内涵呢？我们认为，它至少包含六个方面，即政治信仰、政治方向、政治立场、政治纪律、政治鉴别力和政治敏锐性。而政治方向、政治立场、政治纪律、政治鉴别力、政治敏锐性是建立在政治信仰基础之上的。正是因为有了共产主义信仰，才有一些先进分子自觉组织成为共产党；正是因为党员领导干部树立了共产主义远大理想与崇高信仰，共产党才能够做到攻坚克难，战胜严酷的外部环境，才能在面对挫折与失败时，怀着革命乐观主义的精神，坚定不移地向着既定目标奋发向前。既然共产主义是中国共产党的最高奋斗目标，那么，理解并信仰共产主义，为共产主义事业不懈奋斗，在逻辑上就理所当然地成了衡量党员领导干部政治素质的核心标准。党员领导干部只有树立了共产主义远大理想和崇高信仰，才能使自身成为实现党的政治目标、贯彻党的意志、巩固党的意识形态的先锋战士。

第三，树立共产主义的远大理想与崇高信仰，是党员领导干部能够自觉贯彻执行党在当前阶段的路线和政策的基本保障。我们知道中国共产党的奋斗纲领分为最低纲领和最高纲领两个部分。最高纲领是实现共产主义，这是百余年来始终不变的。最低纲领是根据革命或建设的不同发展阶段及其客观实际而设立的阶段性目标，如民主革命时期反帝反封建的纲领、当前阶段的建设中国特色社会主义纲领等。当前党的各项方针政策都是从我国社会现实出发，围绕着实现最低纲领而制定的，从长远来看，政策方针的基本取向依然是实现共产主义最高纲领。党员领导干部只有树立共产主义的远大理想与崇高信仰，才能全面地、正确地理解和把握党在当前阶段的路线、方针和政策，办好当前的事情，否则，将会丧失政策的前瞻性和预见性，成为鼠目寸光的庸俗的事务主义者，甚至会受到极端自由主义、历史虚无主义等思想的蛊惑，成为错误改革路向的追随者。因此，作为一名中国共产党党员，只有把树立共产主义的理想与信仰同认识中国当前的基本国情结合起来，才能把崇高的理想同实事求是的精神、脚踏实地的工作统一起来，把理想主义的原则性同现实主义的灵活性统一起来，才能做到既放眼未来又立足当前，成为贯彻执行党在当前阶段的纲领、路线、方针和政策的模范。

第四，树立共产主义的远大理想与崇高信仰，是党员领导干部自觉抵制资本主义腐朽思想和生活方式的精神力量。改革开放以来，受客观社会现实变迁和多元文化观念碰撞的深刻影响，党员领导干部队伍的政治信仰和政治态度呈现出日益复杂的态势，各种非马克思主义思想和反马克思主义思想对党员的政治思想产生了严重的冲击，一些干部甚至成为资本主义腐朽思想和生活方式的俘虏。在这种情况下，怎么才能更好地继承党的优良传统，保持共产党员的先进性呢？其中的一个重要条件，就是要坚持共产主义的理想与信仰。在新民主主义革命取得胜利的前夕，毛泽东发出了“两个务必”的告诫：务必使同志们继续地保持谦虚、谨慎、不骄、不躁的作风，务必使同志们继续地保持艰苦奋斗的作风。他认为，我们共产党人之所以有必要，也有可能避免重蹈以往革命者一旦胜利就会出现腐化退坡和脱离人民群众的现象的覆辙，就是因为我们具有远大的奋斗目标，能够把夺取政权只是看作万里长征走完的第一步。如果放弃了对共产主义崇高目标的追求，我们就会受到资产阶级糖衣炮弹的攻击，就会产生“革命成功了，应该享受了”的思想，就不可能继续保持住谦虚、谨慎、不骄、不躁和艰苦奋斗的作风，也就不可能长久地保持住自己的先进性和纯洁性。

四、小结

通过本节的论述，我们可以得出一个结论：无论是从当前党员领导干部的理想与信仰的基本状况看，还是从历史上正反两方面的经验看，再或从党员领导干部这一群体的特殊的地位和作用看，党员领导干部是否具有坚定的共产主义理想与信仰，直接影响着中国特色社会主义建设和共产主义事业的兴衰成败。因此，党员领导干部要正确地认识共产主义理想信念问题。习近平总书记在 2013 年 1 月《关于坚持和发展中国特色社会主义的几个问题》一文中就提出了这个问题。他指出，实现共产主义是一个非常漫长的历史过程，要立足我国正处于并将长期处于社会主义初级阶段的实际，脚踏实地地为实现党在现阶段的基本纲领而不懈努力。忘记远大理想而只顾眼前，就会失去前进的方向。中国特色社会主义是党的最高纲领和基本纲领的统一。中国特色社会主义的基本纲领，概言之，就是建立富强民主文明和谐的社会主义现代化国家。这既是从我国正处于并将长期处于社会主义初级阶段的基本国情出发，也没有脱离党的最高理想。我们既要坚定地走中国特色社会主义道路的信念，也要胸怀共产主义的崇高理想，坚定不移地贯彻执行党在社会主义初级阶段的基本路线和基本纲领，做好当前每一项工作。为此，党员领导干部，不仅应该树立共产主义远大理想与崇高信仰，而且应该成为共产主义远大理想与崇高信仰的实践者、奋斗者和推动者！

第三节 为社会主义和共产主义奋斗

1921 年，中国共产党第一次全国代表大会制定了党的第一个纲领，规定了党实现社会主义、共产主义的最高目标。对这一最基本的历史现实，我们认为至少需要从两个方面来加深认识：第一，实现社会主义和共产主义是党建立的思想基础，由于当时的无产阶级先进分子树立了共产主义远大理想与崇高信仰，针对当时现实斗争的需要，围绕着实现这一最高目标而组建了中国共产党，所以从逻辑上说，是先确定了党的最高奋斗目标，才有了党的组织及其为达到此目标而采取的一系列革命实践；第二，党的成立为实现社会主义、共产主义的最高纲领提供了组织保障，第一次为在中国实现社会主义和共产主义提供了现实的政治力量，成为党凝聚革命志士的精神武器，因此，在现实上党的奋斗历程就是为共产主义而奋斗的历程。

一、实现政治解放

按照马克思和恩格斯的观点，政治解放是人与社会关系的重要内容。政治解放是人的解放的前提，是实现共产主义的基本条件。为共产主义而奋斗，体现在中国共产党实现国家独立、国家统一、人民当家作主的历史进程中。

实现国家独立。中华民族在历史上曾取得过辉煌的成就并长期领先于世界，即便是在鸦片战争以前的1840年，中国的GDP依然占世界的1/3左右。然而，1840年鸦片战争之后，中国在西方资本主义国家武装侵略下，逐步沦为半殖民地半封建社会，中国人民受到了外国资本主义残酷的剥削和压迫。中国共产党就是诞生在民族危亡之际，它的首要任务就是推翻帝国主义和封建主义的统治，实现国家独立。1931年九一八事变之后，日本帝国主义开启了长达14年的侵华战争，中国共产党最早提出与国民党一道建立最广泛的抗日民族统一战线，抗战的呼声最为强烈，抗战的态度也最为坚定。中国共产党领导八路军与新四军同日本帝国主义展开了艰苦卓绝的斗争，实现了近代以来中华民族反抗外来侵略的首次胜利。革命烈士方志敏在《可爱的中国》中记录了许多他亲历的中国人受到侮辱和毒打的场面，包括在上海公园见到的“华人与狗不准进园”的牌子。他在书中写道：“半殖民地民众悲惨的命运呵！中国民族悲惨的命运呵！处处都是吃亏受苦，有口无处诉。但是，朋友，我却因每一次受到的刺激，就更加坚定为中国民族解放奋斗的决心。我是常常这样想着，假使能使中国民族得到解放，那我又何惜于我这一条蚁命！”正是由于无数像方志敏这样的仁人志士的艰苦奋斗，中国共产党经历28年的革命斗争，以付出300多万名中国共产党优秀党员宝贵生命为代价，建立了新中国，彻底结束了帝国主义对中华民族的长期压迫和控制，实现了国家独立和民族解放。

实现国家统一。自古以来，中华民族就有“大一统”的历史传统。历史证明，每当国家统一时，人民就能够安居乐业，国家就能强盛，民族就能振兴；而每当国家分裂时，常常会有割据势力或军阀混战，民不聊生，甚至会遭到外来势力的入侵。1840 年鸦片战争后，从中英《南京条约》将香港岛割让给英国开始，中国的领土主权逐渐被分割，到辛亥革命之后中国真正进入了四分五裂的状态：东北长期是张作霖的天下，广西长期是陆荣廷的地盘，山西长期是阎锡山的独立王国。在这种情况下，国家先是出现了北伐战争前的南北军阀林立，后是出现抗日战争前国民党各军阀之间的连年混战；先是抗日战争中国民党对共产党领导的抗日根据地的封锁围堵，后是抗日战争之后，国民党撕毁和平协议，悍然发动内战。中国共产党领导中国人民进行自卫战争和解放战争，仅用三年多时间就取得人民革命的伟大胜利，建立了新国家、新政府，改变了中国一盘散沙的局面，初步实现了国家的统一。20 世纪 90 年代开始，在“一国两制”的基本方略的指导下，我国先后对香港、澳门恢复行使主权，洗雪了丧权辱国的历史。近年来，祖国大陆和台湾关系持续改善，中华民族和平统一呈现出光明的前景。

实现人民当家作主。实现人民当家作主，最主要的就是摆脱了半殖民地半封建的社会状态。在新中国成立之前，旧中国曾长期存在封建专制、军人独裁和家长制的现象，加之由此衍生出的各种人身依附关系，人民群众受到了深重的政治压迫，既没有政治平等也没有人身自由。正缘于此，无数进步分子为了劳苦大众的解放投身革命，一些富家子弟甚至背叛家庭而投身革命，包括民主党派和爱国人士在内的全国各族人民也开始支持和拥护中国共产党。新中国成立后，我们逐步构建起了以人民代表大会制度为根本政治制度，以中国共产党领导的多党合作和政治协商制度、民族区域自治制度、基层群众自治制度等为基本政治制度的政治制度体系，广大人民群众开始多渠道参与和管理国家事务和其他社会事务；经过土地改革和对农业、手工业、资本主义工商业的社会主义改造，极大地促进了工、农、商业的社会变革和整个国民经济的发展，广大人民能够共享社会发展成果；通过实行“民族平等、民族团结和各民族共同繁荣”等一系列民族政策，坚持在少数民族聚居地区实行民族区域自治制度，依法保障少数民族合法权益，既反对大汉族主义，又反对地方民族主义，改变了旧中国民族歧视和民族压迫的状况，挫败了少数民族分裂势力的图谋，巩固和发展了平等、互助、友爱、和谐的民族关系。

总之，新中国的成立是中国共产党为社会主义和共产主义而奋斗的最重要的政治成果。正如1949年9月21日毛泽东同志在中国人民政治协商会议第一届全体会议上宣告的：“我们有一个共同的感觉，这就是我们的工作将写在人类的历史上，它将表明：占人类总数四分之一的中国人从此站起来了。”中国人民经历了社会主义革命，开始走上了发展生产力、消灭剥削、消除两极分化、实现人民生活富裕的社会主义道路。

二、实现经济解放

生产力是人与自然关系的重要内容，经济解放是人的解放的基础，是实现共产主义的根本条件。为共产主义而奋斗，体现在中国共产党解放生产力和发展生产力、不断提高人民生活水平的历史进程中。

解放生产力和发展生产力。我们知道，共产主义是建立在生产力高度发达、社会物质财富充分涌流的基础之上的。贫穷不是社会主义的特征，社会主义的一个根本任务就是解放生产力和发展生产力。要实现人的解放，首先是将人从自然的束缚和压迫下解放出来。中国共产党为建设社会主义和实现共产主义而奋斗，首先在于其极大地促进了我国社会生产力的解放和发展，使我国经济建设取得了巨大的历史成就。

新中国的成立不仅实现了中国人的政治解放，为人民群众当家作主创造了政治基础，也为我国解放生产力与发展生产力创造了稳定的政治环境。1921—1949年的中国，国力贫弱，战乱频仍，经济落后，民生凋敝，满目疮痍，社会的物质生产力不断受到破坏，整个国民经济基本上处于停滞甚至瘫痪状态。当时工业部门残缺不全，生产力低下。据统计，1949 年我国粗钢产量只有 16 万吨，原油产量只有 12 万吨，发电量只有 43 亿千瓦时；农业仅有少量的水利设施，基本上停留在靠天吃饭的水平，抵御自然灾害的能力极弱；1949 年人均粮食产量只有 200 公斤左右，人均棉花、油料、糖料、水果分别只有 0.8、4.7、5.2 和 2.2 公斤；交通运输业十分落后，畜力车和木船等是主要运输工具。甚至到了 60 年代初期，毛主席还在说："现在我们能造什么？能造桌子椅子，能造茶碗茶壶，能种粮食，还能磨成面粉，还能造纸，但是，一辆汽车、一架飞机、一辆坦克、一辆拖拉机都不能造。"

新中国成立后，在中国共产党的正确领导下，在共产主义最高奋斗目标的指引下，全国各族人民团结一心，艰苦奋斗，不断探索适合中国国情的社会主义道路，不断解放和发展生产力，取得了举世瞩目的经济建设成就，中国人民获得了前所未有的经济解放，我国的经济总量不断跃升。1952 年，我国国内生产总值只有 679 亿元；到 2010 年达到 397 983 亿元，接近 40 万亿元；1979—2010 年年均实际增长 9.9%，是同期世界经济年均增速的 3 倍多。2010 年我国 GDP 超过日本，居世界第二位，仅次于美国。以我国钢铁生产为例，1949 年我国的出钢产量只有 16 万吨，尽管在第一个五年计划当中我国实施了新建武钢、包钢、北满钢、吉林铁合金、吉林碳素厂，改扩建了鞍钢和本钢等项目，但是到了 1957 年我国的钢铁产量依然只有 375 万吨，远远无法满足我国国防建设和工业发展的需要。为此，1957 年 11 月，毛泽东主席提出要用 15 年左右时间在钢铁等主要工业品的产量方面赶上和超过英国，在"以钢为纲，全面跃进"的口号下，钢铁生产指标越提越高，1958 年的北戴河会议公开宣布 1958 年钢产量为 1 070 万吨，比 1957 年翻一番。自此，在中华大地上开展了规模空前的大炼钢铁运动。为了实现目标，人们将自家的铁锅、铁犁、铁盆等铁器拿到钢厂冶炼，造成了巨大的资源浪费和经济损失。时隔多年之后的2008年，中国粗钢产量超过5亿吨，是新中国成立时的3000多倍，钢产量占到全球的38.2%[8]。面对这种情况，再回想起全国人民大炼钢铁、小锅炉遍地开花的场景，我们不禁感叹今非昔比，也不得不叹服中国经济发展之迅猛。

不断提高人民生活水平。在中华人民共和国成立之前，广大人民群众受到封建地主阶级、官僚资产阶级和外国资本主义的剥削和压迫，多数人口长期处于食不果腹、衣不遮体的生存状态。改革开放以来，人民群众的衣食住行都发生了很大变化。据统计，“1949年，我国城镇居民人均可支配收入不足100元，2010年达到19 109元；1949年，农村居民人均纯收入仅为44元，2010年达到5 919元；1949—2010年城乡居民人均储蓄存款余额由1.5元增加到22 639元”[9]。除了数据说明的问题之外，我们也的确深刻地感受到人民生活水平的大幅度提高。尤其是改革开放之后，人民群众的衣食住行发生了显著的变化。人们对衣服的要求，从蔽体、保暖变成了舒适、时尚。在物流高度发达的今天，各地的物产上了千家万户的餐桌，内陆居民吃到沿海的生鲜不再是什么难题，远在黑龙江漠河的人品尝海南芒果和番石榴也变得轻而易举。地产商开发的高层楼房、别墅让居民对城市住宅有了更多的选择，农村建成高度城镇化的房屋也成了可能。国外品牌进驻、海外购物、海外旅游等满足了日益增长的消费需求，让更多国民丰富了消费体验。信息流涌动，网络高度发达，面对面的人际传播方式拓展为网络传播，人们可以足不出户放眼看世界。海陆空立体交通网四通八达，高铁、磁悬浮列车的出现和应用让中国人享受到了高速交通的便捷，也让各地的中国人不再有空间上的距离感。

三、实现人的精神解放

人除了受到自然、社会的奴役和压迫，还受到自身的奴役和压迫，因此，实现人的精神解放是实现人的解放的重要内容，是实现共产主义的思想条件。从实现人的精神解放的角度看，为共产主义而奋斗，除了体现在为革命事业和建设事业做出物质贡献外，也体现在中国共产党大力发展科教文卫事业、提升人民群众思想道德素质和科学文化素质的历史进程中。

科教文卫事业的发展是提升人正确认识世界与正确认识自身能力的外在条件，是将人们从封建迷信和宗教神学的精神束缚下解放出来形成共产主义道德的基本保障。为建设社会主义和实现共产主义、实现人的精神解放，中国共产党领导中国人民取得了一系列的成就，其中最主要的就是教育事业的发展。我们知道，中国共产党成立初期，中国的科教文卫事业同经济一样异常落后，生活在社会底层的广大工人农民绝大多数是文盲，学龄儿童入学率也很低。基于此，中国共产党领导的各级工会组织和农会组织开始举办各种夜校和培训班，鼓励人民群众读书识字。新中国成立后，我们迅速改变了绝大多数人口不能读书识字的现状，在城乡全面实现九年制义务教育，职业教育和高等教育规模不断扩大，大中小学在校生数量跃居世界第一；同时，科学技术获得巨大进步，世界先进水平的重大科技创新成果不断涌现。新中国成立初期到 1978 年，我国成功爆破了原子弹和氢弹，发射了人造卫星，并实施了世界首次人工合成牛胰岛素结晶等。改革开放以来，科技成果更是层出不穷：超级水稻技术不断取得重大突破，正负电子对撞机等重大科技工程一一建成，首台千万亿次超级计算机系统“天河”一号研制成功，我国自主研发的“嫦娥”一号、二号探月卫星发射成功，“神舟”系列载人航天飞行圆满成功，等等。

在看到中国经济文化快速发展、人民的思想道德素质和科学文化素质不断提高的同时，我们又联想到了旧社会中国人在思想上受到的禁锢和精神上的封闭、落后与愚昧。鲁迅先生在其小说《药》中讲述了这样一个故事：在 20 世纪初的中国，华老栓夫妇因不懂现代科学，相信用人血浸泡的馒头可以医治肺痨，为给身患肺结核的儿子小栓治病而花钱买人血馒头。这个故事就是那个时代的一个缩影，人民由于没有受到良好的科学教育，普遍受到封建迷信和宗教神学的束缚，生病时不去找医生而相信道听途说，甚至去求鬼神。由于受到迷信的纠缠和蛊惑，当出现旱涝灾害时，人们不去兴修水利设施，而认为山有“山神”、河有“河神”，灾害的出现是因为得罪了“龙王爷”和“天神”，他们通过这种方式对人们实施惩罚。在旧社会，封建礼教在很多方面都压抑人性，甚至让人格扭曲。比如说，女性从幼年开始就要裹脚，人们把“三寸金莲”奉为女性之美；女孩不能到公立学校读书，认为“女子无才便是德”。中国共产党领导中国人民开展了广泛的反对封建迷信、崇尚科学、尊重知识的斗争。我们看到，今天中国人的科学文化素质普遍提高了，尽管封建迷信活动还没有绝迹，但很多人都开始相信科学知识和科学理性，对封建礼教和宗教神学已经有了客观清醒的认识，也更加注重人的平等自由，更加注重人格独立和个性发展。科学技术是生产力而且是第一生产力的观念已经普遍深入人心。医生、科学家、社会学家等也成为人民尊重的社会群体。人们的科学文化素质和道德素质得到了空前的提升，平等、自由、团结、协作、公正、诚信、友善、文明、和谐和集体主义等共产主义价值观与道德要求开始得到越来越多中国人的认可和赞同。

四、共产主义是过程也是蓝图

中国共产党为共产主义而奋斗，不仅体现在它领导中国人民在革命、建设和改革的历史进程中所取得的光辉的成就上，而且体现在它为中国发展和中华民族复兴所描绘的宏伟蓝图中。

21世纪，中国共产党制定了“两个一百年”的宏伟目标，总结并概括了以国家富强、民族振兴和人民幸福为基本内容的中国梦。中国梦是国家的梦，是人民的梦，承载着中国人民对美好生活的全部向往，也承载着中国共产党建设社会主义和实现共产主义的奋斗目标。正如习近平总书记所言：“我们的人民热爱生活，期盼有更好的教育、更稳定的工作、更满意的收入、更可靠的社会保障、更高水平的医疗卫生服务、更舒适的居住条件、更优美的环境，期盼孩子们能成长得更好、工作得更好、生活得更好。人民对美好生活的向往，就是我们的奋斗目标。”[10]

以发展引领中国经济社会的进步。具体来说，就是以创新发展、协调发展、绿色发展、开放发展、共享发展的基本理念引领未来中国经济社会发展。2015 年，党的十八届五中全会通过的《中共中央关于制定国民经济和社会发展第十三个五年规划的建议》，根据全面建成小康社会决胜阶段面临的新形势新任务，着眼于破解发展难题、增强发展动力、增强发展优势，提出必须牢固树立“创新、协调、绿色、开放、共享”的发展理念，这一发展理念集中体现了“十三五”乃至更长时期我国的发展思路、发展方向和发展着力点。所谓创新发展，就是将创新视为引领社会发展的第一动力，大力培育公平、开放、透明的创新环境，通过科学技术创新、思想理论创新、制度文化创新等各领域、各环节的全面创新，改变过去主要依靠大规模要素投入驱动的发展模式所出现的动力不足、质量不高、效益不好、不可持续等问题；所谓协调发展，就是要着眼于发展的平衡性、协调性和可持续性，正确处理发展中的重大关系，改变经济快速发展与社会事业发展不协调、城市发展与乡村发展不平衡、经济发展与环境保护不协调、经济发展与精神文明建设不协调等问题；所谓绿色发展，就是要尊重自然规律，坚持绿色富国、绿色惠民，推动形成绿色发展方式和生活方式，建设美丽中国，保护绿水青山，实现人与自然和谐，解决自然资源过度浪费、环境污染日益严重、生态系统不断退化等问题；所谓开放发展，就是要充分利用好国际和国内两个市场、两种资源，加强国际交流与合作，提升我国对外开放水平，发展更高层次的开放型经济，积极参与全球经济治理和公共产品供给，提高我国在全球经济治理中的制度性话语权，构建广泛的利益共同体，实现中国发展与世界发展的良性互动；所谓共享发展，就是要在发展的过程中让全体人民共享经济社会发展成果，解决市场经济背景下收入格局两极分化的问题，实现社会公正，促进共同富裕。随着五大发展理念的贯彻实现，中国经济社会发展将迈上新的台阶，中华民族将走向新的历史阶段。

培育和践行社会主义核心价值观。2012年，中国共产党第十八次全国人民代表大会提出“倡导富强、民主、文明、和谐，倡导自由、平等、公正、法治，倡导爱国、敬业、诚信、友善，积极培育和践行社会主义核心价值观”的重要目标。社会主义核心价值观既沉淀了共产主义价值理念，又继承了中华优秀传统文化，既关照了中国社会发展实际，又借鉴了西方文化的优秀成果，它是社会主义道德的基本内容，决定着我国文化建设和人口素质的发展方向，对于人们正确地认识自然、社会、历史和人自身具有重要的价值和引导意义。尽管培育社会主义核心价值观是一个长期的历史过程，但是，随着它越来越多地得到人们的认同与践行，它将引起人们的行为方式、国家的存在方式与社会的运行方式的新变化，它将深深地融入中华民族的文化心理、伦理观念、交往规则中，成为中华民族精神的重要组成部分，也必将成为指引我国经济发展、政治改革、文化繁荣的重要精神理念。我们坚信，在中国共产党的领导下，中国人民围绕着共产主义的奋斗目标，一定会坚定地走好中国特色社会主义道路。中国人民必将在解放生产力、发展生产力的经济发展进程中持续改善自然环境，在全面建成小康社会和推进共同富裕的时代背景下持续提高人民生活水平，在培育和践行社会主义核心价值观的历史进程中弘扬共产主义道德，矢志不渝地朝着共产主义社会迈进！

注释

[1] 马克思，恩格斯. 马克思恩格斯选集：第3卷. 北京：人民出版社，1995：305-306.

[2] 马克思，恩格斯. 马克思恩格斯选集：第1卷. 北京：人民出版社，1995：87.

[3] 习近平. 习近平谈治国理政. 北京：外文出版社，2014：23.

[4] 同[3] 15.

[5] 倪洋军. 从全国“反腐成绩单”中读出啥. 中国共产党新闻网，2012-10-18.

[6] 李慎明. 苏联亡党亡国 20 年祭. 马克思主义研究，2012 (3).

[7] 同 [3].

[8] 中国钢铁工业协会. 纪念新中国钢铁工业 60 年. 中国钢铁业，2009 (10).

[9] 谢伏瞻，等. 中国经济发展成就、机遇与挑战. 经济研究，2011 (6).

[10] 习近平等十八届中央政治局常委同中外记者见面：人民对美好生活的向往就是我们的奋斗目标. 人民日报，2012-11-16.

跋

摆在读者面前的这个小册子，始于三年前编辑好友的约稿。时光匆匆，因各种事情拖了又拖，一直到现在才能勉强付梓。作为写作创意人、命题提出者和研究组织者，我对于本书的延迟出版实际上是负有责任的。个中原因，除了工作繁杂外，更多的是对于探索中国人的理想与信仰这一艰深命题的惧惮。近些年来，从学理层面探讨中国人理想与信仰的著作并不匮乏，但到底能不能在有限的篇幅中把当代中国人的理想与信仰的传统和当下说得清楚，始终是我心存疑虑的问题，也是迟迟不愿贸然动笔的缘由之一。后来，在好友坚持不懈的催促和鼓励下，我终于下决心组织撰写这样一本小书。事实上，之所以以通俗理论读物的形式再添一著，多多少少也是基于本人近年来对通过理论读物普及深奥理论问题的兴趣。数年前，我撰写的一本小册子《中国人的价值观》被纳入“十二五”国家重点图书出版规划项目，被列入“认识中国·了解中国”书系译成英文、日文在国际市场上出售，算是为以正能量传播中国文化做了点微不足道的贡献。由于有了这次的研究体验，我觉得尽管从学理上研究深奥的国人理想与信仰的命题固然重要，但在当代中国所处的国际国内情势中，以通俗的语言、直白的道理、形象的表达，把中国人的精神生活和精神世界的优秀之处介绍给不了解我们的人，甚至是帮助我们自己做个反思，也是当代学者的学术使命之一。因此，撰写和组织这本小册子多少也有点是为了立起一面可以端详自我的镜子。研究中国人理想与信仰这一命题，旨在从思想深处和精神世界观照自我，探寻属于中国人自己的精神特质。而这样做的目的，也多少有点类似于鲁迅先生当年告诫我们的："看了这些，而自省、分析，明白哪几点说得对；变革、挣扎、自作功夫，却不求别人的原谅和称赞，来证明究竟怎样的是中国人。"

毋庸讳言，中国人的理想与信仰体系决然不同于西方人，中国文化的创生、浸润和熏染使得中国人的精神生活具有与西方人不一样的独特性和异质性。西方人有西方人值得珍爱的精神传统，中国人也有中国人需要珍视的精神传统。西方人有其理想与信仰，中国人同样也有属于自己的理想与信仰。沧海横流、世事沧桑，当今的中国人在理想与信仰世界中呈现何种样貌？这些样貌中有多少是经中国历史与中华传统的塑造，又有多少是现代人刻意模仿西方文化而做出的"整容"？传统的中国人的理想与信仰变了哪些，又是如何变化的？现代中国人的精神生活正在受到什么样的塑造，又将去向何方？这些问题，尽管未必全部能够在本书中找到全面、详细而精准的解答，但总能从中找到牵引出正确答案的线索，因为这些问题始终是本书面对和提出的课题。

党的十八大以来，习近平总书记多次谈到共产党人的理想与信念问题，他高度关注在转变的时代中，中国共产党人在理想与信念上发生的变化及其现实状态，并呼吁要"补钙"。与此同时，他也提出了具有标志意义的"中国梦"的设想。中国梦就是全民族的理想，就是当代中国人的理想。习近平总书记提出，人民有信仰，国家有力量，民族有希望。一个国家，一个民族，要同心同德迈向前进，必须有共同的理想信念做支撑。这是一个颠扑不破的真理，也是今天我们要下大力气反思并努力拯救我们的理想与信仰的缘由所在。

本书由宇文利提出撰写提纲，组织分工，撰写了前言和跋，审阅了全部书稿，并改写了部分章节。在本书策划与撰写过程中，宇文紫琪也参与了提纲讨论，提供了部分有价值的研究素材和有建设性的观点，同时她在阅读书稿时也贡献了不少想法和智慧。为全书提供初稿的作者依次为：第一章：邱华宇；第二章：司明宇；第三章：王晖；第四章：曹金龙；第五章：金德楠。在撰写过程中，各章作者认真讨论、相互提醒、默契配合，达到了认识和思想上的统一。尽管全书到目前为止仍存在着一些瑕疵，但作者们的合作展现了一个优秀学术团队的精神风貌，展现了娴熟驾驭难题、灵活转换文风和踏实进行研究的态度与水平。我为有这样的研究团队而自豪，也为大家愿意从事通俗理论读物的撰写工作、为理论时代化大众化做贡献而感到敬佩。相信通过这样的锻炼，特别是在读者的批评和帮助下，我们一定能够取得更大的进步。我也希望对中国人理想与信仰的研究，特别是对当代中国人理想与信仰的探讨能够持续下去，让我们更好地认识自己，也让世人更好地了解我们。

宇文利

2018 年 6 月

图书在版编目（CIP）数据

中国人的理想与信仰/宇文利等著. —北京：中国人民大学出版社，2018.7
（“认识中国·了解中国”书系）
“十三五”国家重点出版物出版规划项目
ISBN 978-7-300-24812-7

Ⅰ.①中… Ⅱ.①宇… Ⅲ.①思想政治教育-研究-中国 Ⅳ.①D64

中国版本图书馆 CIP 数据核字（2017）第 199144 号

“十三五”国家重点出版物出版规划项目
“认识中国·了解中国”书系
中国人的理想与信仰
宇文利 等 著
Zhongguoren de Lixiang yu Xinyang

出版发行	中国人民大学出版社		
社　址	北京中关村大街 31 号	邮政编码	100080
电　话	010－62511242（总编室）		010－62511770（质管部）
	010－82501766（邮购部）		010－62514148（门市部）
	010－62515195（发行公司）		010－62515275（盗版举报）
网　址	http://www.crup.com.cn		
经　销	新华书店		
印　刷	涿州市星河印刷有限公司		
开　本	720 mm×1000 mm　1/16	版　次	2018 年 7 月第 1 版
印　张	11.25	印　次	2024 年 6 月第 3 次印刷
字　数	152 000	定　价	76.00 元

图书在版编目(CIP)数据

出版发行 中国人民大学出版社